Katharina Schridde

... und plötzlich Nonne

HERDER spektrum

Band 6287

Das Buch

Eigentlich lief alles bestens: Eine behütete Kindheit. Ihr Erfolg als Leistungsschwimmerin und Schulbeste. Doch dann der erste Einbruch: Ihre Eltern trennen sich, als sie 14 ist, und ihre Welt zerbricht. Katharina heißt zu dieser Zeit noch Barbara, und sie begibt sich auf eine leidenschaftlichen Suche – wonach genau, weiß sie noch nicht: „Es muss doch irgendwo etwas sein, das trägt und hält". Von Religion hält sie nichts, sie ist noch nicht einmal getauft. Ihr radikaler Weg führt sie zunächst nach Israel, in die vermeintliche Geborgenheit einer orientalischen Großfamilie. Doch statt heiler Welt erfährt sie Verzweiflung: sexuelle Gewalt. Verstört kommt sie zurück nach Berlin, immer noch auf der Suche, und gerät in den Teufelskreis von Anorexie und Bulimie. Bis an die Grenze des Todes.

Heute ist sie eine evangelische Nonne. Wie kam das? Plötzlich. Eigentlich wollte sie nur den Namen Katharina annehmen, seit Generationen der Namen starker Frauen in ihrer Familie. Das ging – in den achtziger Jahren – am leichtesten über die Taufe. Zufällig gerät sie, noch ganz punkig, an eine Pfarrerin, die ihr als Mensch begegnet, die ihre Sehnsucht und ihre Verletzungen wahrnimmt, zufällig kommt sie zum Evangelischen Kirchentag. Und plötzlich ist sie verzaubert – und verliebt bis über beide Ohren: „Ich hatte ganz offensichtlich meinen Traumprinzen gefunden: 48 Frauen in Unterfranken in einer Kirche." Ihre Sehnsucht hat ein Ziel gefunden, ihr Weg war damit noch nicht zu Ende. Katharina Schridde nimmt uns mit auf den atemberaubenden Weg einer Heilung. Heute lebt sie in ihrer Gemeinschaft in einem Stadtkloster in Erfurt, in dem sie ihre spirituellen Erfahrungen weitergibt – und vor allem den Menschen begegnet, die wie sie auf der Suche nach dem „Sinn des Ganzen" sind.

Die Autorin

Schwester Katharina Klara Schridde, geb. 1964, evangelische Benediktinerin, ist Mitglied der Communität Casteller Ring (CCR) auf dem Schwanberg, einer evangelischen Ordensgemeinschaft innerhalb der Evangelisch-Lutherischen Kirche in Bayern. Seit 2008 ist sie Leiterin der Stadtstation der Communität Casteller Ring im Augustinerkloster Erfurt.

Katharina Schridde

… und plötzlich Nonne

HERDER

FREIBURG · BASEL · WIEN

Titel der Originalausgabe: ... und plötzlich Nonne
© Verlag Herder GmbH, Freiburg im Breisgau 2009
ISBN 978-3-451-30186-5

© Verlag Herder GmbH, Freiburg im Breisgau 2010
Alle Rechte vorbehalten
www.herder.de

Der Text „Vater unser" von Marie Luise Kaschnitz
(Seite 8/9) ist entnommen aus:
Marie Luise Kaschnitz, Gesammelte Werke in sieben Bänden.
Fünfter Band: Die Gedichte, © Insel Verlag Frankfurt am Main 1985.

Umschlagkonzeption: Agentur R·M·E: Roland Eschlbeck
Umschlaggestaltung: Verlag Herder
Umschlagfoto: © Dominik Butzmann

Satz: Barbara Herrmann, Freiburg
Herstellung: fgb · freiburger graphische betriebe
www.fgb.de

Gedruckt auf umweltfreundlichem, chlorfrei gebleichtem Papier
Printed in Germany

ISBN 978-3-451-06287-2

Inhalt

Vorwort – Der Himmel, der offen steht

Wesentliche Dinge findet man meist zufällig. So wie das Gedicht von Marie Luise Kaschnitz, dem die folgenden Seiten ihren Titel verdanken. Ich stieß zufällig darauf, als ich während eines Gottesdienstes in unserer Kirche saß und über diese zu schreibenden Seiten nachdachte, statt der Liturgie zu folgen.

Vor allem dachte ich an die Menschen, für die diese Seiten gedacht sind. Menschen, die an Grenzen leben, vor Übergängen stehen, Abgründe aushalten müssen und inmitten solcher Grenzerfahrungen wieder lernen wollen, zu leben.

Während ich also über Leben, Tod und Weiterleben nachdachte und nebenbei das nächste angekündigte Lied aufschlug, fiel mein Blick auf die erste Zeile des Kaschnitz-Gedichtes. Obwohl ich sicher bin, dass ich es nie bewusst wahrgenommen habe, habe ich es sofort wiedererkannt.

Es muss doch irgendwo sein.

Um diese unbestimmte und doch so drängende Sehnsucht geht es. Es muss doch irgendwo sein, ohne dass zunächst klar wäre, was „es" eigentlich ist und wo dieses „irgendwo" liegen könnte.

Diese drängende und doch unbestimmte Sehnsucht prägte mein Leben über Jahrzehnte hinweg, und noch heute brandet sie immer wieder unvermittelt auf, verlangt nach neuen Worten und neuen Wegen, um Ihn immer wieder neu zu suchen und herbeizurufen, den ich gefunden meinte. Es ist diese Sehnsucht, die mich auf innere und zuweilen äußere Wege lockt und allzu rasche Zufriedenheit verbietet und alle engen Grenzen überspringen muss.

Namen, Orte, Wege werden gefunden und wieder verloren, Denksysteme entwickelt und wieder verworfen, und immer wieder öffnet sich ein Abgrund in kompromissloser Härte, der den Sprung, die Selbstaufgabe und Selbsthingabe und die lebensnotwendige Wandlung erfordert. Diese Grenzen und Abgründe können sich in äußeren Ereignissen darstellen, in der Konfrontation mit Verlusterfahrungen jeder Art, Krankheit, Trennung, Tod. Aber ebenso häufig, wenn auch unbemerkter, vollziehen sie sich im Innern. Lebenswenden, plötzliche unerklärliche Unruhe, die Begegnung mit einem Menschen oder einem Ort zwingen zu einem Aufbruch und geben den Anstoß für innere und manchmal äußere Bewegungen, deren Ende nicht absehbar ist.

Grenzerfahrungen.

Die Mythen und die Religionen beschreiben diesen Weg an die Grenze und durch den Tod in einen neuen Lebensraum oft ebenso genau wie schonungslos. Aufgabe der Mystagogen, Priester und Priesterinnen, Schamanen und Schamaninnen war und ist es, diesen Weg zu begleiten, die auf den Weg Gerufenen am vorzeitigen Aufgeben zu hindern und die Sehnsucht wach zu halten. Auch wenn sich die Namen und Beschreibungen im Laufe der Zeiten ändern, das Thema bleibt immer dasselbe: Was geschieht auf diesem Weg durch den Tod ins Leben?

Ich selber bin seit Jahrzehnten auf diesen Weg gestellt worden und würde noch heute nicht sagen, dass ich endgültig angekommen bin – oder doch angekommen in der Gewissheit, dass der Weg selbst wahrer Gott und wahrer

Mensch ist und sich als solcher immer wieder offenbart, dass Er sich in mein Leben hineingesprochen hat als Name und Person. Aber Er entzieht sich auch, Er ruft mich immer wieder neu in die Wüste und die ausgesetzte Einsamkeit zurück und mutet mir immer wieder neu zu, dass alles zerstört wird, was ich für sicher hielt – und eben dadurch offenbart Er sich als der, der selbst Abgrund ist – Abgrund der Liebe, die ich niemals begreifen kann in ihrer Weite und Tiefe. Nur liebend hineinwerfen kann ich mich – und mit der Zeit wird die Angst vor den Abgründen geringer, die Lust an der flammenden Sehnsucht und am Aufbruch dafür umso größer.

Der vorliegende Text ist letztlich eine Wegbeschreibung, die – wenn sie auch einen individuellen Weg beschreibt – doch Grundzüge aufweist, die für viele Erfahrungen und Wege gelten. Wege, die manchmal in die Verzweiflung führen können. Gerade nicht zu verzweifeln, sondern weiterzugehen, wenn es sein muss auch unterzugehen in der tollkühnen und zuweilen völlig absurden Gewissheit, dass auch dieser Weg zum Leben führt, dazu möchte ich mit diesem Buch ermutigen.

„Ich wäre untergegangen, wenn ich nicht untergegangen wäre" – so sagt es Gerhart Tersteegen, der evangelische Mystiker und Theologe. Das ist die Beschreibung des Weges.

Vielleicht kann diese Wegbeschreibung auch anderen helfen, die Flamme durch alle Tode hindurch lebendig zu halten.

Es muss doch irgendwo sein
Etwas, das trägt und hält.
Ein Kleinod, ein funkelnder Schrein,
In der verdorrenden Welt.

Eine Kammer voll Orgelwind,
Ein singendes Muschelhaus.
Die wie die Kinder sind,
Gehen dort ein und aus.

Und erkennen das alte Getier,
Das am Brunnen der Welt sich ergeht,
Löwe und Adler und Stier,
Und den Himmel, der offen steht,
Und die Grotte den irdischen Schoß,
Und darüber den wandernden Stern
Und die Lilie, den reinen Trost,
Und das Lamm auf der Schulter des Herrn.

Und erbeben in schrecklicher Lust,
Wenn die Schellen ergellen so bang,
Und küssen den Bruderkuss
Und singen den Lobgesang.

Doch für dich sind die Tore zu eng,
Du bist zu ungeschlacht.
Du kannst nur vielleicht, wenn die Nacht
Über dich verhängt,
Beten schüchtern und rauh:
Unser Vater im Himmel, und weißt
Dann plötzlich ganz genau,
Was Vater im Himmel heißt.
Und kommst du auch nicht sehr viel weiter,
Es weicht dir zu Häupten der Stein,
Auf steigt die Himmelsleiter
Die Allmacht schließt dich ein.

Marie Luise Kaschnitz   (Vater unser. © Insel-Verlag)

Innenräume

In unserem Ordenshaus auf dem Schwanberg in Unterfranken hat jede von uns Schwestern eine eigene Zelle. Diese Zellen haben – obwohl das meist die erste Assoziation ist – nichts mit einer Gefängniszelle gemeinsam, auch nichts mit den kargen, spröden Darstellungen der Wohnräume, wie sie etwas klischeehaft in einigen Medien als für ein Kloster typisch dargestellt werden. Unsere Zellen verdienen den Namen eher in Erinnerung an die kleinste Einheit eines lebendigen Organismus. Es sind Zellen eines Gesamtkomplexes, der atmet, pulsiert, sich wandelt und – obwohl in einem Haus aus Stein beheimatet – doch immer auf einem Weg ist, einem Weg, der allen spirituell suchenden Menschen unter die Füße und ins Herz gelegt ist.

Jede von uns bewohnt also einen eigenen großen und lichten Raum, den sie sich nach ihrem eigenen Geschmack einrichten kann – und entsprechend unterschiedlich sehen diese Räume dann auch aus.

In meiner Zelle findet sich relativ wenig unverrückbares Mobiliar, ich habe bei meinem Einzug vor 16 Jahren nur das mitgebracht, was mühelos in einen Ford Kombi passte. Der dadurch gewonnene Freiraum ist allerdings immer gefährdet – als Ablageplatz für Bücher, Zeitschriften, Papiere, eben durch meine letztlich schwer einzudämmende Unordnung, die einen Raum allerdings auch wohnlich macht.

Immerhin gibt es in dieser Zelle Einbauschränke, dezent in hellem Holz in die Wand eingelassen, sodass weder der Raum noch die Möglichkeiten der Gestaltung dadurch eingeschränkt werden. Im unteren Teil dieses Schrankes hängen Jacken und Röcke, im oberen sind zwei tiefe Fächer. Wenn ich die erreichen will, muss ich auf einen Stuhl steigen, und so sammelt sich dort eben alles, was ich nicht täglich brauche und durchaus auch manches, was ich überhaupt nicht brauche. Aber auch Nonnen sind gelegentlich dem Besitz und dem „Habenwollen" ergeben und in diesen verborgenen Winkeln zeigt es sich dann.

In einem dieser Fächer, ganz hinten und auch von unten nicht mehr zu sehen, liegen meine alten Tagebücher, überwiegend aus meiner klösterlichen Anfangszeit. Es sind viele, ich habe sie dort deponiert und nie mehr hineingeschaut. Und noch hinter den Tagebüchern ist eine Kiste mit Fotos. Vor vielen Jahren habe ich sie bei meinem Auszug aus Berlin wahllos hineingeworfen, ebenso unsortiert wie die dazugehörenden Erinnerungen und Lebensabschnitte, die meisten davon würden mich heute überraschen, wenn ich sie wieder ansähe.

Jedes dieser Fotos steht für eine eigene Welt, eigene Räume, oft nur lose miteinander verbunden durch meine eigene Erinnerung, auf die ich mich inzwischen nicht immer verlassen kann. Zu lang vergangene Zeit, zu viele unterschiedliche Menschen und Welten. Die Namen einiger dieser Menschen habe ich auf den folgenden Seiten verändert. – Fotos sind ja nur die äußere Seite der dazugehörenden Innenwelt, beide nicht immer deckungsgleich. Man lächelt gern und viel auf Fotos. Verdient die ehrliche Spurensuche nicht mehr als nur ein fotogenes Lächeln?

Was suche ich eigentlich?

Ich suche tatsächlich die „andere Gegenwart" in diesen Lebensspuren. Den Goldenen Faden in diesem Leben, der nicht durch menschliches Wollen oder Können, auch nicht durch Versagen und Schuld gelegt wird, sich aber in all diese Menschlichkeit hineinwebt wie ein Liebesgruß dessen, der selbst das Leben ist. Ich suche die Gottesspur in dieser Kiste und in den Räumen, damit andere sie in ihrem eigenen Leben auch erkennen – denn ohne diesen Goldenen Faden der Gottesgegenwart gäbe es weder das Geflecht dieses Textes hier noch irgendein anderes Lebensgewebe auf dieser Welt. Er ist da – und lässt sich finden.

Also werde ich auf einen Hocker steigen, den unnötigen Kram, der sich im Laufe der Jahre wie ein Sichtschutz vor der Fotokiste aufgebaut hat, beiseite heben, sie herunterholen und die ersten Blicke wagen. Blicke in eine noch ganz unvollendete Geschichte – als Ort eines gegenwärtigen Gottes, der ein Gott auch dieser Geschichte ist.

I.

Suchen ohne zu suchen

Blaue und gelbe Quadrate aus Stein, unregelmäßig gegeneinander versetzt, dazwischen kleine Sandlinien, in denen hier und dort ein Grashalm das gräuliche Gelbblau mit einem lebendigen frischen Grün durchbricht. Das ist, so sehr ich auch nach anderem suche, das früheste Bild aus meiner Kindheit, das sich mir zu erinnern gibt. Viel später erst konnte ich es zuordnen: Es ist der Fußgängerweg neben einer kleinen Autostraße, die sich neben den Wohnhäusern unserer Siedlung hinzog.

Sie verbindet die fünfstöckigen Mietshäuser mit dem dazugehörenden kleinen Einkaufscenter, ein Supermarkt, eine Reinigung, ein Tabakgeschäft, vielleicht auch ein Schuster. Eine typische Wohnsiedlung der späten fünfziger Jahre, die der kleinbürgerlichen Familie in überschaubarem Rahmen alles bietet, was sie für das tägliche Leben eben braucht. In einer Zeit, da kaum jemand eine eigene Waschmaschine besaß, gehörte auch eine sogenannte „Waschküche" dazu, die außer den großen Waschmaschinen kaum etwas gemeinsam hatte mit den heutigen Waschsalons, in denen die Menschen aufgereiht dem bunten Treiben hinter dem runden Fenster zusehen oder sich in virtuellen Welten aller Art verlieren. Nein, unsere „Waschküche" verdient eher den Vergleich mit dem Waschplatz früherer Jahrhunderte. So wie dort trafen sich hier die Frauen regelmäßig, versuchten in durchaus schwerer körperlicher Arbeit die Berge aus Oberhemden, Bettbezügen und Kinderstrümpfen zu bewältigen und tauschten nebenbei die erworbenen oder erlernten Weisheiten der deutschen Hausfrau in der Mitte des 20. Jahrhunderts aus. Wem das alles zu viel war, konnte selbstverständlich die Dienste der Waschfrau in Anspruch nehmen, der Hüterin dieses scheinbar nur funktionalen Frauenraums, die sich ihre Dienste aber bezahlen ließ. Das konnten die wenigsten. So bestand die Aufgabe der Hüterin und Mutter aller Wäscherinnen eher in kleinen Hilfestellungen und aufmunternden Worten, sei es zur Bedienung der Heißmangel oder zur Bewältigung des jüngsten Ehestreits. Diese Waschküche mit dem dorthin führenden Steinpflaster ist mir in erstaunlich lebhafter Erinnerung, zumal es, ganz familienfreundlich, einen Kinderraum mit einer richtigen Schultafel, bunter Kreide und einem großen Fenster zum Waschraum gab, um die Mutter jederzeit im Blick zu behalten – und umgekehrt. Ich war gerne dort als ganz Kleine, vielleicht Drei- oder Vierjährige. Die Waschfrau kannte mich und die anderen, wir konnten uns in diesem lockeren Frauenverbund ungehindert bewegen und waren doch sicher aufgehoben.

Heute weiß ich, wie mühevoll es für meine Mutter gewesen sein muss, diese wöchentliche Arbeit zu bewältigen. Natürlich noch ohne Auto, mühsam die Wäsche über den Pflasterweg hin und her tragend oder im Kinderwagen schiebend, wie sehr ihr die heiße, feuchte Luft zugesetzt haben muss, wie oft sie von dem wohl auch oft oberflächlichen Geschwätz ermüdet war. Aber für mich war es ein Ausflug, ein Erlebnis, eine Abwechslung im sonstigen Alleinsein.

Alleinsein. Es gibt objektiv keine wirklichen Anhaltspunkte und doch ist Alleinsein das erste Wort, das sich zu meiner frühen Kindheit einstellt. Dabei war ich vermutlich selten wirklich allein. Meine Mutter hatte nach

meiner Geburt im Juli 1964 ihren Beruf als Kinderkrankenschwester aufgegeben, um in den ersten Monaten
ganz zu Hause sein zu können. Da meine Eltern aber
nicht gerade wohlhabend, wenn auch nicht wirklich arm
waren, musste sie bald wieder halbtags in einer Kinderkli-
nik im Berliner Wedding arbeiten. Mein Vater arbeitete zu
dieser Zeit als Drucker in einer großen Druckerei in
Gesundbrunnen – ein geradezu höhnischer Name damals
angesichts der Gegend, die er bezeichnet. Mit zwei kleinen
Gehältern konnten meine Eltern sich eine 2–Zimmerwoh-
nung in Reinickendorf im Norden Berlins leisten – dort
also, wo diejenigen wohnten, die einem Hinterhofschicksal
im Wedding entronnen waren. Die gerade neu gebauten
Häuser, zu denen unsere Wohnung gehörte, standen
wohlgeordnet, grau-gelb und fünfstöckig in mehreren Rei-
hen neben- und hintereinander, jeweils ein begrünter
Innenhof dazwischen mit Sandkasten – wir sagten Buddelkiste dazu – für die Kinder. Gleich daneben befand
sich die Teppichklopfstange für die Mütter, um die bud-
delnden Zöglinge im Blick zu haben und trotzdem nicht
untätig sein zu müssen. Vor allem aber gehörte diese
Klopfstange den heranwachsenden Mädchen, die dort
ihre frühen Turnübungen machten und sich die Knie blu-
tig schlugen. Sehr früh war klar, dass meine Begabungen
woanders liegen mussten. Ich habe die Klopfstange gehasst, weil sie mich so stahlhart mit meinen Unfähigkeiten
konfrontierte. Wenn andere Mädchen daran grazil und el-
fengleich schaukelten und schwebten, hatte ich das Gefühl, irgendwie einer anderen Spezies anzugehören – so
fühlte ich mich meistens: unelegant, ungelenk, unhübsch.

Ich kann mich kaum an Menschen erinnern, die diese
frühen Kinderjahre mit mir geteilt hätten. Da ist vor allem
das Gefühl von Einsamkeit.

Alte Schwarzweißfotos zeigen entzückende Bilder von einem kleinen Mädchen, das Babsi hieß – das war ich. Eines im Kindergarten, angetan mit einem weißen Kleidchen und Hand in Hand mit einem unbeholfenen Knaben. An den Knaben habe ich keine Erinnerung, wohl aber an das weiße Kleid: gehäkelt aus weißer Baumwolle mit einem passenden Jäckchen mit goldenen Knöpfen, die eine angeraute Oberfläche hatten. Ein anderes Bild zeigt das gleiche Mädchen in Österreich auf dem Hof, auf dem wir in meinen ersten Lebensjahren regelmäßig unseren Familienurlaub verbrachten. Das Mädchen steht auch unter dem Weihnachtsbaum, diesmal in einem hellblauen Samtkleid und mit großen Augen und erstaunlich sicherem Blick den Weihnachtsmann betrachtend. Ich kenne diese Fotos, und doch sind mir die Bilder nicht wirklich vertraut. Nur eine lebhafte Gefühlserinnerung aus dieser Zeit gibt es, und die hängt ausgerechnet mit dem Weihnachtsmann zusammen: Ich war mit anderen, zum Teil älteren Kindern im Sandkasten vor unserem Haus und wir sprachen über Weihnachten – offenbar mitten im Sommer, denn im Winter waren wir kaum in der Buddelkiste. Jedenfalls lachte mich irgendjemand aus, als ich voller Überzeugung von dem Weihnachtsmann erzählte, der alljährlich bei uns zu Hause erschien. Auf die spottende Frage, wo der denn herkäme, antwortete ich mit großer Gewissheit, dass er selbstverständlich aus dem Himmel käme und zwar mit einer großen Himmelskutsche – allerdings immer nachts, daher könne man die Kutsche nicht sehen. Auf das daraufhin ausbrechende Gelächter war ich in keiner Weise vorbereitet, begann heftig zu weinen und rannte zu meiner Mutter in unsere Wohnung, weil ich hoffte, sie würde den Weihnachtsmann retten können. Sie nahm mich behutsam in den Arm, versuchte mich zu trösten und mir schonend beizubringen, dass es mein Onkel G. war, der da alljährlich als Weihnachtsmann erschien. Ich verstand. Verstand, warum Onkel G. immer zu spät zum Fest kam – er habe immer arbeiten müssen, hatten sie gesagt, was ja auch stimmte in gewisser Weise – und dass es keinen Weihnachtsmann, keine Himmelskutsche und kein Christkind gab. Die anderen Kinder hatten also recht. Damit war meine religiöse Erziehung vorerst und für lange Zeit beendet.

Ich war ein Einzelkind, wenn auch vielleicht kein ganz typisches. Aber natürlich gab es eine Familie um meine Eltern und mich herum – sie war nur nicht immer ein Ort fröhlicher Gesellschaft und warmer Geborgenheit. Eher war sie mir als ein Problem im Bewusstsein, als unterschwellige Bedrohung unseres häuslichen Friedens. Bis heute löst das Wort „Familie" bei mir eine innere „Hab-Acht-Stellung" aus.

Doch auch hier gibt es zwei Seiten. Es gab wohl Augenblicke, in denen ich gerne bei den Großeltern war: Bei den Eltern meines Vaters im Westen Berlins ebenso wie bei der Mutter meiner Mutter in Ostberlin, die wir mindestens vierteljährlich besuchten.

Ein Foto zeigt mich, das älteste der „Westfamilienkinder" mit meinem Cousin und zwei Cousinen auf einer breiten Couch, wir lachen fröhlich und offenbar sehr versöhnt miteinander. Von den Cousins und Cousinen im Osten habe ich keine Bilder, aber auch dort gab es mehrere. Meine Mutter hatte drei Brüder, alle hatten ihrerseits wieder Kinder – aber sie blieben mir fremd, zumal einer der Brüder und seine Familie keinen Kontakt mit der „Westfamilie" haben durften. Der Sohn eines anderen war viel älter als ich und erschien nur selten. Und auch er stand irgendwie unter staatlicher Beobachtung, sodass die Kontakte rar waren.

Dennoch bin ich bestimmt in den ersten Jahren mit einer ursprünglichen Neugier und Offenheit in die nahverwandten Lebenskreise eingetreten und habe mir die typische überschwängliche Liebe meiner Oma gern gefallen lassen. Und ich habe lange nicht verstanden, warum fast jeder Besuch bei den Großeltern anschließend zu einem Streit und zu verletztem Schweigen bei uns zu Hause führte. Irgendetwas lief meistens schief, jemand hatte dies oder das gesagt oder nicht gesagt, ausgesprochene oder unausgesprochene Vorwürfe zwischen meinen Eltern hingen in der Luft und vergifteten die Atmosphäre. Ich habe als Kind nicht verstanden und wollte es auch gar nicht wissen, was denn eigentlich so belastend war, weil ich Angst vor dem Thema in seinem ganzen Ausmaß hatte. „Familie" wurde zu etwas, das den zerbrechlichen Frieden zwischen meinen Eltern und damit meine eigene Sicherheit gefährdete – und davon wollte ich so wenig wie möglich sehen, in der kindlichen Hoffnung, damit vielleicht auch die eigentliche Gefahr zu bannen.

Erst Jahrzehnte später habe ich angefangen, das Familiengeflecht, in das ich hineingewoben wurde, wirklich mit Anteilnahme wahrzunehmen, mit dem typisch rückwärtsgewandten Blick derer, die die Lebensmitte erreicht haben und nun aus gesichertem Abstand Zusammenhänge begreifen wollen – bevor sich der Blick dann endgültig umkehrt und man anfängt, das zu planen, was noch weiter zu planen ist in diesem Leben.

Die Entdeckungen dieser Nachforschungen erhellen manches, was mir als Kind und Jugendliche nur das Gefühl von Bedrohung, Traurigkeit, aber auch von schillerndem Geheimnis vermittelte. Bewegend sind die Entdeckungen und Zusammenhänge meiner Familie für mich persönlich – für eine Deutsche, die Mitte der sechziger Jahre geboren wurde, ist diese Familiengeschichte in ihrer ganzen Verwicklung erschütternd banal, jedenfalls geradezu exemplarisch für das Volk, das wir nun einmal sind.

Die Familie meines Vaters stammt aus Hamburg und Pommern. Die väterliche Linie bestand überwiegend aus überzeugten Hamburger Sozialdemokraten, die sich in der Fotobranche schon früh einen Namen gemacht hatten. Vaters mütterliche Seite ist schwerer zu fassen. Die Mutter meines Vaters war das uneheliche Kind einer nicht näher bekannten jungen Frau aus Landsberg in Pommern – meine Urgroßmutter. Es wird vermutet, dass sie jüdischer Herkunft war. Jedenfalls hatte ihre uneheliche Tochter später größte Schwierigkeiten, den sogenannten „Ariernachweis" zu bekommen. Die unbekannte Urgroßmutter hat den Vater ihrer Tochter, meiner späteren Großmutter, stets verheimlicht und dafür viel Ausgrenzung, Spott und Verachtung ertragen. Später ist sie mit einem jüdischen Mann Richtung Westen weitergezogen und starb schließlich arm und schwer krank in einem Hamburger Altenheim. Mein Urgroßvater väterlicherseits ist ihr Geheimnis geblieben. Ihr uneheliches Kind, meine spätere Großmutter, wuchs als ungeliebtes Pflegekind bei einer Berliner Verwandten auf, bis sie ihren Mann kennenlernte. Mein Großvater hat als Fotograf während des Krieges in der Wehrmacht Propagandafilme über die Effizienz der deutschen Einsatzpläne im Osten und in Italien gedreht. Aus welchen Gründen auch immer blieben er und seine Frau nach anfänglichen Beobachtungen weitgehend unbehelligt, obwohl die junge Frau als uneheliches

Kind und ohne „Ariernachweis" in Nazideutschland gefährlich lebte.

Doch aus diesen unklaren Umständen und auch aus allem, was unausgesprochen blieb, ist leicht erkennbar, wie schwer das Leben für beide gewesen sein muss. Sie blieben zeitlebens einfache Menschen, aber sie bewahrten sich noch lange eine überraschende, fröhliche Lebenslust und einen manchmal aufbrechenden Berliner Charme. Im Alter hatten beide schwere gesundheitliche Probleme, an denen sie starben, als ich noch ein junges Mädchen war.

Die Familie meiner Mutter stammte – ebenfalls sehr „deutsch" – aus Riga. Die sehr wohlhabende baltendeutsche Kaufmannsfamilie Rehm, deren Angehörige sie war, hatte es in der lettischen Hauptstadt zu einer großen Villa, Bediensteten und einem eigenen Reitstall gebracht. Meine Großmutter hatte dort eine wunderbare Kindheit und durfte sogar als einziges Mädchen der Familie die Kunstakademie in Riga besuchen – bis sie dann, wie die meisten Baltendeutschen, ihre Heimat fluchtartig verlassen und sich in Deutschland eine neue Existenz aufbauen musste.

Zur Familie Rehm gehörten sehr überzeugte Nationalsozialisten, darunter einige, die direkt zur sogenannten „Führungsschicht" der NSDAP gehörten und folglich kaum als „Mitläufer" bezeichnet werden können. Meiner Großmutter habe ich stets hoch angerechnet, dass sie aus ihrer nationalsozialistischen Begeisterung, die sie als junge Frau beflügelt hatte, nie einen Hehl gemacht hat – immer wieder hat sie die Geschichte erzählt, wie „der Führer" ihre kleine Tochter, meine Mutter, auf dem Arm hatte, und wie stolz sie auf ihr Mutterkreuz war, das der „Führer" ihr persönlich angesteckt hat. Und ebenso offen erzählte sie davon, wie bitter sie für diese Begeisterung später bezahlen musste. Wie so viele andere Frauen musste auch sie im Krieg fliehen, allein mit fünf Kindern. Eines starb auf der Flucht. Sie erlebte wie Hunderttausende andere entsetzliche Armut, Vergewaltigung, fürchtete um ihr Leben und gab schließlich ihre letzten Juwelen, das Familienerbe aus Riga, für einen Laib Brot. In Ostberlin lebte sie für den Rest ihres Lebens allein als einfache Arbeiterin im Kraftwerk Klingenberg – geblieben war ihr der hohe Bildungsstand, und vielleicht ist es diesem zu verdanken, dass sie ihre politische Position radikal änderte. Aufmerksam las sie die Werke von Marx, Lenin und Trotzki und erkannte, dass der real existierende DDR-Sozialismus sich mehr und mehr von der sozialistischen Idee entfernte. Als alte Frau korrespondierte sie am liebsten mit Franz Alt und machte ihn jedes Mal darauf aufmerksam, wenn er in einer seiner Sendungen etwas gesagt hatte, was ihrer Ansicht nach falsch oder unbedacht war. Sehr stolz zeigte sie mir die Antwortbriefe, die Franz Alt ihr tatsächlich schrieb. Außer Hunderten von Büchern besaß sie kaum etwas, und schon gar kein Gefühl für Ordnung und Konvention.

Meine Eltern heirateten 1961, kurz bevor die Berliner Mauer geschlossen wurde. Meine Mutter war zu diesem Zeitpunkt bereits schwanger und erwartete ein Kind. Im achten Monat der Schwangerschaft starb dieses Kind aus ungeklärter Ursache in der Gebärmutter. Da hatte es einen voll ausgebildeten Körper, ganz gewiss eine Seele, und es hatte einen Namen: Tim.

Ich habe es immer irgendwie geahnt, dass ich nicht das einzige Kind war, auch wenn niemals über meinen Bruder gesprochen wurde. Erst als erwachsene Frau fragte ich meine Mutter direkt danach, und sehr bewegt erzählte sie mir, wie sie mit dem Sohn schwanger war und ihn dann verlor. Damals wurden Totgeburten „entsorgt". Wir haben dann dafür gesorgt, dass Tim, zu dem ich ein seltsam vertrautes Gefühl empfinde, einen Erinnerungsort bekommt – im Friedwald auf dem Schwanberg.

Im Hochsommer 1964 wurde ich dann in Berlin geboren. Meine Eltern nannten mich Barbara. Namen spielten in meinem Leben schon immer eine große Rolle, und so wollte ich wissen, wer denn meinen ersten Vornamen „Barbara" ausgesucht habe. Es war meines Vaters Idee, und Mutter hatte dem zugestimmt, obwohl sie mich auch gern Franziska genannt hätte. Es freut mich heute sehr, dass mit der Wahl meines Ordensnamens „Klara" diese frühe franziskanische Linie sich doch noch in mein Leben eingespielt hat – auch wenn meine Mutter weniger an den Heiligen Franziskus dachte, den sie damals wohl nicht kannte, sondern an den früh verstorbenen zweiten Mann ihrer Mutter, „Franz", den sie sehr geliebt hatte.

Ich konnte mich mit dem Namen Barbara nie richtig anfreunden. Er klang so seltsam farblos, auch streng. Die Koseform „Babsi" gefiel mir als Kind schon besser, und noch auf dem Gymnasium wollte ich so genannt werden. Aber spätestens, als ich die Schule verließ, empfand ich diese Kleinform dann doch als unpassend.

Vielleicht lag es an dieser namentlichen „Unbehaustheit", dass ich mir schon als Kind und als junges Mädchen immer wieder andere Namen für mich ausgedacht habe. Und mit den Namen entwarf ich in der Phantasie auch andere große Lebenswelten, die sich, angeregt durch viele Bücher, die ich las, zwischen mittelalterlichen Burgszenen und Tigerkämpfen im Dschungel abspielten – und ich wohnte darin, lebte mit Personen und Wesen, die außer mir niemand kannte, die für mich aber als Parallelwelten meinen manchmal etwas einsamen Kinderalltag belebten.

Jedenfalls ist mir schon seit Kindertagen die Vorstellung vertraut, dass es viel mehr gibt als nur das Sichtbare und Greifbare und dass die Welt, so wie sie ist, nicht die einzige und schon gar nicht die letzte sein muss. Nicht immer war klar, welche Welt nun eigentlich die reale ist – die innere oder die äußere. Auch das ist ein Phänomen, dem ich in meinem Leben noch öfter begegnet bin, und zum Glück nicht nur bei mir selbst.

Ich war ein behütetes Kind und dabei ein hochempfindliches – zum Leidwesen meiner Mutter. Als kleines Kind habe ich über lange Zeit hinweg nur mit größter Mühe gegessen und ungezählte Hemdchen, Strampelanzüge und Autositze mit dem Inhalt meines Magens überschüttet. Sand, Erde und Schlamm habe ich gehasst und war erst zufrieden, wenn ich in einem trockenen, blitzsauberen Plastikbassin mit abgewaschenen Steinchen spielen durfte. Im Kindergarten schließlich brachte ich alle Kindergartentanten (so hießen die Erzieherinnen damals!) mit meinem stundenlangen Gebrüll an die Grenzen ihrer Kapazitäten, und so teilten Vater und Mutter ihre Arbeitszeiten so ein, dass ich immer nur einen halben Tag in der Krippe war und die andere Tageshälfte zu Hause. Die Lage entspannte sich dann, als meine Mutter als Säuglings- und Kinderkrankenschwester eine Arbeit in einer Kinderkrippe annahm, in der ich auch einen Platz bekam, und sich innerhalb ihrer Arbeitszeit um mich kümmern konnte.

Endlich wurde ich eingeschult. Ich habe mich darauf gefreut und weiß noch heute, wie ich an meinem ersten Schultag gekleidet war: Ein hellblau und weiß karierter

Blazer, darunter ein weißer Rolli und eine blaue lange Hose. Auf einem Foto schaue ich mit kurz geschnittenen blonden Haaren brav, ernst und mir offensichtlich meiner neuen Würde als Schülerin voll bewusst in die Kamera.

Die 1. Klasse der Grundschule am Schäfersee, das waren 1970 aufgeregte Eltern, schüchterne und ängstliche Kinder und eine blutjunge Lehrerin, die direkt von der Universität kam und deren erste Klasse wir waren. Ich sah sie und wusste sofort, dass ich sie und die Schule lieben würde. Fräulein K. hatte das Gesicht einer Prinzessin: warme, dunkelbraune Mandelaugen blickten mich unter langem, dichtem blondem Haar an. Damals waren unverheiratete Lehrerinnen wirklich noch „Fräulein" und mir schien es völlig angemessen so. In dem Prinzessinnengesicht lag etwas Zartes und Verlorenes, das sofort meinen Beschützerinstinkt weckte. Dieses Gefühl blieb während meiner ganzen Schulzeit: Einen großen Teil dieser dreizehn Jahre, so scheint es mir heute, habe ich damit verbracht, junge, unerfahrene Lehrerinnen oder die, die ich dafür hielt, zu beschützen, besonders gern und intensiv vor den Horden ungeschlachter und dummer Schüler – oder eben denen, die ich dafür hielt. Ich, das kleine Mädchen, wollte die jungen Frauen retten, vor was auch immer, indem ich gerne das Tafelputzen und das Klassenbuch übernahm, bevor eine peinliche Stille auf die entsprechende Frage aufkommen konnte. Ich beschützte sie, indem ich immer eine Antwort und meistens die richtige auf ihre Aufgaben wusste, damit sie niemals an ihren pädagogischen Fähigkeiten zweifeln mussten, und ich kümmerte mich natürlich um jene, die nicht so schnell mitkamen – und besonders gern dann, wenn die Lehrerin es auch sah.

Ich war eine sehr gute Schülerin. So gut, dass die Einser in meinen Zeugnissen irgendwann wegen Inflation drohten, ihren Wert zu verlieren. Tatsächlich hatte ich manchmal das Gefühl, dass die Lehrer sich nicht mehr die Mühe machten, überhaupt noch zu überlegen, ob es denn nicht doch einmal eine kleine Variation auf dem Blatt geben könnte. So groß das Wohlgefallen an dieser „Harmonie in Eins" war, so groß war dann aber die häusliche Bestürzung, als sich dann doch einmal etwas änderte.

In den ersten Schuljahren besuchte ich gelegentlich freiwillig den Religionsunterricht. Meinen Eltern gehörten zwar beide der evangelischen Kirche an, aber die Religion spielte in unserer Familie überhaupt keine Rolle. So wurde ich auch nicht getauft, da sie mir diese Entscheidung später überlassen wollten – eine Wahlmöglichkeit, für die ich ihnen immer gedankt habe. Als Nichtgetaufte war ich vom Religionsunterricht freigestellt. Da ich aber nun mal gerne in der Schule war, ging ich manchmal auch dorthin. Eine winzige Szene ist mir in diesem Zusammenhang glasklar in Erinnerung geblieben: Wir waren vielleicht in der zweiten oder dritten Klasse. Als Hausaufgabe aus dem Religionsunterricht sollten wir eine Szene malen, in der Jesus und Barabbas neben Pilatus stehen und das Volk den Freispruch des Barabbas fordert. Ich malte also drei Figuren, die sich alle sehr ähnlich sahen. Ich wollte aber, dass Jesus lieb und Barabbas böse aussieht und wusste nicht, wie ich ein böses Gesicht malen sollte. Schließlich rief ich ziemlich verzweifelt meine Mutter. Sie nahm beherzt einen schwarzen Stift und malte dem Barabbas schwarze Bartstoppeln in das freundlich lächelnde Gesicht. Das überzeugte mich völlig, allerdings fand ich den Barabbas nun auch viel interessanter als den doch sehr lieblichen Jesus ... Diese Episode ist – nach der Entzauberung des

Weihnachtsmanns – meine früheste und einzige Begegnung mit christlichen Inhalten in meinem Elternhaus. Auf diese Weise denke ich jedes Mal, wenn in der Passionszeit diese Szene gelesen wird, an meine künstlerisch so hilfreiche Mutter. Den Religionsunterricht habe ich später, als die anderen Fächer mehr Arbeit erforderten, nicht mehr besucht.

Ein einziges Schulfach bereitete mir Sorgen, zumal hier weder Lernen noch guter Wille wirklich etwas halfen. Der Sportunterricht schien mir Zeit meines Schülerinnenlebens ein überflüssiges, lästiges und auch immer wieder beängstigendes Übel. Ich war ungelenkig, zwar ausdauernd, aber für alle schnellen Sportarten zu langsam und wirklich ängstlich, ob beim Ballspielen oder bei irgendwelchen Turnübungen. Jede mögliche Verletzungsgefahr sah ich nicht nur bildlich vor mir, ich spürte auch die Schmerzen schon, bevor ich überhaupt zu irgendeiner Bewegung ansetzte. Zwar bekam ich auch hier wie in allen anderen Schulfächern bis zur vierten Klasse immer eine „Eins", aber dahinter standen mit Sicherheit eher ästhetische Gesichtspunkte. Also entschlossen sich meine Eltern, in liebevoller Sorge um meine körperliche Entwicklung, mich in einen Turnverein anzumelden, was zwar meine „oberirdische" Beweglichkeit wenig förderte, dennoch aber für mein weiteres Leben von ganz entscheidender Bedeutung war: Eines Tages schaute ein Trainer aus dem angeschlossenen Schwimmverein auf uns Mädchen, die sich da auf Sprossenwänden und Turnmatten versuchten, und ahnte, dass ich mit meiner Figur – breite Schultern, lange Arme, insgesamt eher schmal – vielleicht im Wasser eher erfolgreich sein könnte. Damit hatte er recht, und ich hatte meinen eigentlichen Lebensinhalt für die nächsten sieben Jahre gefunden.

Eines Tages nämlich, als ich daraufhin klein, unbeschwert und ungefähr achtjährig dem kleinen örtlichen Schwimmverein – den „Reinickendorfer Füchsen" – angehörte und von allen Recks und Sprossenleitern befreit durch das Wasser eines übersichtlichen 25-Meter-Beckens paddelte, tauchte am Beckenrand ein unscheinbarer Mann auf und betrachtete die munteren Quappen, die eine Stunde in der Woche den schwimmenden Nachwuchs darstellten. Er schilderte meinen Eltern seinen Eindruck, dass die kleine Babsi im Wasser so aussah, als würde sie sich dort wohlfühlen und als könnte sie womöglich mehr als nur paddeln. Um dies entsprechend zu fördern, wurde ich in eine Berliner Auswahlmannschaft eingeladen, die sogenannte „Startgemeinschaft Nord", kurz „SG Nord" genannt. Es gab drei oder vier solcher Auswahlmannschaften im damaligen Westberlin, und die dort trainierenden Schwimmer und Schwimmerinnen wurden sorgfältig beobachtet von Landes- und Bundestrainern, Sportmedizinern und Journalisten. Sie traten in wöchentlichen Wettkämpfen gegeneinander an und irgendwann bildete sich eine überregionale Auswahlmannschaft heraus, die dann wiederum das damalige Westberlin auf nationaler und internationaler Ebene vertrat. Wie das eben so ist, sowohl im Sport als auch in nahezu allen Interessenverbänden: Es beginnt alles ganz klein und harmlos mit diesem „nur mal gucken" und führt zuweilen in ein Lebensprogramm.

Zunächst also begriff ich, dass ich irgendwie ausgewählt worden war. Für mein bis dahin gänzlich unsportliches Selbstbild war das einerseits unerwartet, andererseits auch wieder ganz natürlich: Denn Schwimmen war in meiner Wahrnehmung kein „Sport" – und damit etwas, das meinem Wesen höchst zuwider war –, sondern eher eine natürliche Haltung und Bewegung, die mir viel angemessener erschien als zum Beispiel Laufen oder Radfahren. Daher hatte ich überhaupt keine Einwände, als mir meine Mutter erklärte, dass ich nun mehrmals in der Woche schwimmen gehen könnte, wenn ich das wollte. Zunächst waren es zwei, dann drei und dann ganz schnell sechs Trainingsabende in jeder Woche. Mein Tagesablauf wurde, seit ich etwa acht Jahre alt war, ganz klar strukturiert: Gegen 6.00 Uhr aufstehen, waschen, anziehen, frühstücken, zur Schule gehen und dort meistens sechs Stunden Unterricht absolvieren. Nach der Schule ging ich nach Hause zum Mittagessen, es folgten die Hausaufgaben, dann fuhr mich meine Mutter oder eine der anderen „Schwimm-Mütter" in eine der Westberliner Schwimmhallen zum Training, das bis in die späten Abendstunden dauerte. Unter Umständen musste ich dann nach dem Training noch Hausaufgaben fertig machen oder für eine anstehende Arbeit in der Schule lernen, währenddessen aß ich etwas, und schließlich ging ich schlafen. Ich kann mich kaum erinnern, in dieser Zeit ferngesehen zu haben, obwohl ich schon zu der Generation gehöre, deren Eltern fast selbstverständlich einen Fernseher besaßen. Ich war auch so gut wie nie im Kino und erst recht nicht bei irgendwelchen sonstigen Jugendveranstaltungen, weil das immer einen Trainingsausfall bedeutet hätte – und das war ebenso undenkbar wie die Vorstellung, wegen eines Kinobesuchs die Schule zu versäumen. Natürlich gab es Tage, an denen ich das bedauerte, auch dagegen aufbegehrte – aber der Hinweis auf den nächsten Wettkampf reichte meist völlig aus, um mir die Notwendigkeit dieses Lebensstils plausibel zu machen. Ich wollte schwimmen, ich wusste, dass ich gut war und wollte es auch bleiben.

Wir trainierten jeden Abend in der gleichen Gruppe, die aus etwa acht bis zehn Mädchen bestand. Wir waren, als ich neu dazukam, alle im Alter zwischen acht und zehn Jahren und blieben auch beieinander, als wir älter wurden. Jeden Tag schwammen wir unter der Anleitung und der Aufsicht von zwei Trainern dreitausend bis fünftausend Meter, die in verschiedene Disziplinen und Distanzen aufgeteilt waren. Jeden Tag besprachen wir vorher und nachher in den Kabinen und den Duschen, was wesentlich war: persönliche Bestzeiten, Trainingsprogramme, Wettkampfchancen, die Konkurrenz, die andere Schwimmerinnen außerhalb der eigenen Gruppe darstellten, und so weiter. Ich kann mich nicht erinnern, dass wir über Schule, Eltern, Freundschaften oder Sorgen gesprochen hätten, die nicht in das Schwimmbecken und unser Team gehörten. Alles, was außerhalb von Chlorwasser und dem neuesten, wasserabstoßenden Material für Schwimmanzüge angesiedelt war, wurde für mich mehr und mehr unwichtig, bis es schließlich völlig an Bedeutung verlor. Das war nur deshalb möglich, weil sehr gute schulische Leistungen eine Voraussetzung für die Aufnahme in diese Gruppe waren. Das bedeutete, dass auch die Schule uns nicht weiter interessierte – wir wussten, dass wir dort trotz des vielen Trainings gut waren, und das reichte.

Die einzige Ausnahme dieser gleichbleibenden Tage bildeten die Sonntage. Sie waren die eigentlichen Höhepunkte der Woche. Schon das Anziehen morgens gestaltete sich anders: Statt Pulli und Jeans zog ich gleich den Trainingsanzug mit dem SG-Nord-Logo über den peinlich genau für die jeweilige Disziplin ausgewählten Schwimmanzug – einer war fürs Rückenschwimmen, der andere fürs Delphinschwimmen, der dritte für Freistil, und wenn ich mehrmals starten musste, gab es eben die entsprechenden Kombinationen. Die Sporttasche wurde gepackt, das Maskottchen instruiert, dann gab es ein sehr leichtes Frühstück und danach fuhren wir in die jeweilige Schwimmhalle zum Wettkampf. Ich habe diese sonntäglichen Wettkämpfe gehasst und geliebt. Die Stunden vor dem Start waren eine Qual, die Aufregung wuchs, die Anspannung stand in den Gesichtern der Trainer und Eltern, mein Atem wurde flach und unregelmäßig, und ich musste mich zur Ruhe zwingen. Hauchdünn war der schmale Grad zwischen notwendiger Anspannung, die sich als notwendige Leistungsenergie im Wasser explosionsartig entlud und zu Bestzeiten und Medaillen führte, und jener erstickenden Spannung, die in eine totale Verkrampfung, zum Erlöschen jeder Kraft und damit peinlichstem Versagen führte.

Es gab damals in unserem Umfeld niemanden, der sich in hilfreichen Techniken wie Meditation, Yoga oder anderen psychisch-spirituell wirksamen Übungen für Leib und Seele ausgekannt oder davon auch nur gewusst hätte. Aber wir hatten einen wunderbaren Masseur aus Südamerika, der uns indirekt genau das vermittelte und uns über die Körperarbeit und kurze Zusprüche vor dem Start den Unterschied zwischen einer verbissenen und dadurch blockierenden Fixierung auf Erfolg und einer freien und gelassenen Hingabe an den Augenblick nahebrachte.

Wenn ich heute, über dreißig Jahre später, auf dieses Leben zurückschaue, staune ich über die dichten Parallelen zwischen dieser frühen hochleistungssportlichen Erziehung und dem spirituellen Leben in einem Kloster. Es ist nicht nur der klar strukturierte Tagesablauf, nicht allein der in beiden Systemen herausgehobene Sonntag als Zeit der „Verwirklichung" eines langen Übungsweges und die relativ homogene Gruppe. Es ist vor allem eine Ähnlichkeit der Haltung: Eine Haltung der bejahenden

Disziplin und des freiwilligen Gehorsams, die zuweilen auch Anforderungen und Bedingungen erträgt, die der eigenen menschlichen Natur zunächst unbehaglich erscheinen – die aber immer wieder angenommen und angeeignet werden, wenn das eigentliche Ziel wirklich ein eigenes und bejahtes Ziel ist. Dieses Ziel ist viel mehr als nur Erfolg beim Sport oder etwa die Anerkennung als „gute Nonne" – was wäre das schon? Das Ziel besteht in beiden Fällen in einer Erfahrung, die über die Grenzen des eigenen Leibes und des eigenen Verstandes weit hinausgeht und mit dem Einfließen in ein viel größeres Ganzes zu tun hat. Ich kann mich leibhaftig und lebendig an Augenblicke im Wasser erinnern, in denen ich nicht mehr mit der Kraft meines Körpers schwamm, sondern selbst zum Wasser wurde, zur Bewegung in einer einzigen großen Bewegung, die alles erfasste. Augenblicke, in denen ich nicht mehr einfach nur Babsi war, sondern Wasser, Weite, Bewegung und fließende Kraft. Genau diese Erfahrungen werden uns zuweilen auch im spirituellen Leben geschenkt. Sie helfen, wieder eine Weile in dem durchaus als mühevoll und beschwerlich empfundenen Alltag weiterzugehen – bis sich gerade dieser Alltag als eigentlicher Ort der möglichen Transzendenz offenbart.

Der Unterschied liegt dann nur noch in der Benennung. Während ich als Kind und Jugendliche diese köstlichen Augenblicke zwar genossen, aber nicht bedacht habe – sondern mich höchstens über die erstaunliche Geschwindigkeit gewundert habe, die in solchen Momenten plötzlich möglich war – nenne ich das heute eine geistliche Erfahrung und ein Eintauchen in die Gegenwart Gottes.

Diese unerkannten, aber wirklichen Erfahrungen teilte ich also mit Mädchen meiner Gruppe, zwei Trainern und dem

Masseur. Sie sind es, die mich heute zögern lassen, wenn ich gefragt werde, ob ich als Einzelkind aufwuchs. Ja und nein. Wohl als einziges lebendes Kind meiner Eltern, aber seit meinem achten Lebensjahr eben doch sehr intensiv eingebunden in diese familienähnliche Gruppe. Die Mädchen waren meine Schwestern, die Meinung der Trainer war uns wichtiger als die von Vater und Mutter, und ähnlich abhängig waren wir von ihren Meinungen und Stimmungen. Als wir in die Pubertät kamen, nahmen wir wahr, dass die Trainer Männer waren, und sie ließen sich unsere ersten Schwärmereien manchmal ganz gern gefallen – ein bisschen Erotik kann die Leistungsfähigkeit durchaus beflügeln. Bald musste der Schwimmanzug nicht nur absolut stromlinienförmig und aus modernsten Materialien gefertigt sein, sondern er musste auch zur Farbe der eigenen Augen passen und die junge, durchtrainierte Figur vorteilhaft betonen. Und schließlich nahmen wir auch wahr, dass in anderen Auswahlmannschaften die Jungen trainierten – die wir dann spätestens bei den Wettkämpfen trafen. Und es begann das uralte Spiel und der uralte Kampf der Geschlechter, nur dass unsere „Waffen" eben nicht Schminkzeug und Glitzerpullis waren, sondern Bestzeiten im Wasser, hervorragender Stil und natürlich wie überall die Fähigkeit, sich vorteilhaft in Szene zu setzen. Es ist eben nicht egal, wie man ein Schwimmbecken verlässt, wenn Hunderte von Menschen auf den Tribünen und der ein oder andere anvisierte Prinz am Beckenrand dabei zuschauen.

Es gab erste Verliebtheiten zwischen Jungen und Mädchen, es gab jede Menge Streit zwischen uns, es gab das, was heute „Zickenkrieg" genannt wird. Wir kämpften nicht nur um Titel und Medaillen, es wurde mit Anerkennung und emotionaler Bevorzugung gearbeitet und, wenn ein Wettkampfergebnis einmal anders ausfiel als erhofft, mit dem Entzug derselben. Hier wurde die Beziehung zu den Trainern wichtig – sie waren für manche von uns wirklich ein Elternersatz, denn der enorme zeitliche Aufwand, den der Sport forderte, hatte seinen Preis: Nicht selten war ein angespanntes Familienleben die Folge.

Der gesamte Terminkalender der jeweiligen Familie musste sich nach Trainings- und Wettkampfplänen richten – und nicht alle Eltern waren dazu bereit. Manche stürzten sich mit Eifer in diese Welt, meist waren es die Mütter. Die Väter waren auf den Tribünen seltener zu sehen, und in manchen Familien führte das zu Streit und Zerwürfnissen – sicher nicht nur wegen der rigiden Zeitplanung, aber oft dadurch verstärkt.

Wir erzählten uns wenig von unseren jeweiligen häuslichen Verhältnissen. Nur manchmal kam eine von uns verweint zum Training, von anderen wussten wir, dass die Eltern sich getrennt hatten oder dass es ständig Streit gab. Wir blendeten das alles aus, sobald wir im Wasser waren – und doch erinnere auch ich mich, dass ich oft viele Bahnen tief grübelnd geschwommen bin, weil ich mit irgendeinem Problem nicht fertig wurde oder weil es in meinem eigenen Zuhause wieder einmal schwierig war.

Allerdings nahm ich nicht wirklich wahr, was in diesen Jahren bei uns zu Hause geschah – oder besser, ich wollte es nicht wahrnehmen, flüchtete mich buchstäblich ins Wasser. Mein Vater war viel unterwegs, zum Teil aus Arbeitsgründen, zum Teil, um seine Eltern in ihrem Alter zu unterstützen. Meine Mutter war deshalb sehr oft allein und litt sehr darunter – sie wurde immer schweigsamer, erlitt heftige Migräneanfälle und weinte, wenn sie sich unbeobachtet glaubte. Ich hatte Angst vor diesen Stimmungen, vor meiner absoluten Hilflosigkeit und dem Gefühl, zu Hause nicht mehr wirklich frei atmen zu können. Zugleich fühlte ich mich schuldig, dass ich so oft fortging, auch wenn meine Mutter mich genau dazu immer wieder ermutigte. Sie wollte ja, dass ich meine Freiheit hatte und erfolgreich war – und gleichzeitig wollte sie nicht so oft allein sein. Ich konnte ihr und uns allen nicht helfen und versuchte, das Dilemma durch immer mehr Training zu verdrängen. Einen Teil der Schulferien verbrachte ich in mehrwöchigen Trainingslagern, in denen das Training in Vor- und Nachmittagseinheiten noch einmal intensiviert wurde.

Dennoch ging die gelegentliche Frage von mitfühlenden und manchmal besorgten Lehrern, ob mir das ganze Schwimmen nicht zu viel würde, am Kern vorbei – es war keine Frage von viel oder wenig, sondern von „leben" oder „überdauern". Die Entscheidung war klar.

Bis zu meinem dreizehnten Lebensjahr deutete nichts darauf hin, dass ich die begonnene erfolgverheißende Karriere vorzeitig beenden würde. Im Gegenteil – ich arbeitete mich langsam in die deutsche Spitze meiner Altersklasse vor, und es war nicht abwegig, von dort aus internationale Ziele in den Blick zu nehmen.

Dann aber kam einer jener Tage, die plötzlich das gesamte Leben verändern. Ich kam wie immer von der Schule nach Hause und fand meine Mutter schweigend am Küchentisch sitzen. Sofort wusste ich, dass etwas wirklich Schlimmes geschehen sein musste und rechnete mit der Nachricht, dass mein Vater verunglückt sei. Als meine Mutter mich wahrnahm, zog sie mich in unser Wohnzimmer und setzte sich mit mir auf das grüne Plüschsofa. Langsam, unter großer Mühe, brachte sie hervor, dass sie und mein Vater sich trennen würden. Kaum hatte ich den Sinn ihrer

Worte erfasst, verfiel ich sofort in eine Art kompletter Gefühlsstarre. Mein Verstand arbeitete blitzschnell, rief Bilder auf, die mit einmal einen Sinn ergaben. Ich sah plötzlich den Vater einer meiner Schwimmfreundinnen vor mir, dem meine Mutter und ich vor nicht langer Zeit scheinbar zufällig begegnet waren, als wir ins Kino gingen. Damals hatte ich mir weder die Frage gestellt, warum meine Mutter eigentlich mit mir ins Kino ging (das war äußerst ungewöhnlich), noch, ob es vielleicht mehr als nur ein Zufall war, dass A. dort auftauchte. Ich mochte ihn gern, kannte ihn flüchtig von einigen Wettkämpfen und fand seine Späße immer sehr lustig. Jetzt, neben meiner verzweifelten Mutter, sah ich sofort klar und fragte sie direkt, ob A. etwas damit zu tun habe – und sie bestätigte es. Mit glasklarem Verstand und gänzlich abgeschalteten Gefühlen erkundigte ich mich sachlich nach dem weiteren Vorgehen. Ich wollte wissen, wer jetzt auszieht, ob sie oder mein Vater oder ich, oder wie das jetzt weitergeht.

In diesem Augenblick legte sich etwas wie eine dicke Eisschicht um mein Herz, die es zugleich schützte und einfror und ein klares, situationsgerechtes Handeln ermöglichte. Handeln – nicht Mitfühlen. Diesen Gefühlen, die da an mich anbrandeten, war ich in keiner Weise gewachsen – denen meiner Mutter nicht und meinen eigenen auch nicht. Mit der Gefühlsverweigerung trat allerdings auch eine gewisse Bewegungsunfähigkeit ein. Ich saß da, sah mich gleichzeitig wie aus weiter Ferne selbst dort auf dem Sofa sitzen unter vier hinter mir hängenden, sorgsam gerahmten und angeordneten Fotos, die eine brave, fröhliche, helle Jugendliche zeigten – Babsi eben. Sie erschienen mir wie ein Hohn, wie ein weiterer Bruch in dieser soeben zerbrochenen Wirklichkeit. Erstaunlich, dass das Sofa dastand wie immer, seltsam, dass die Bilder nicht von den

Wänden fielen, dass sich der Boden nicht auftat. In mir tat er es, und ich konnte dem Absturz nur entgehen, wenn ich mich nicht mehr rührte – vor allem innerlich nicht.

Als wir spätnachmittags den Schlüssel in der Tür hörten, ging meine Mutter meinem Vater entgegen. Ich hörte, wie er sie fragte, ob sie „es" mir gesagt habe. Ihre Antwort hörte ich nicht, aber ich hatte genug verstanden um zu wissen, dass er Bescheid wusste und die heutige „Offenbarung" wohl abgesprochen war. Irgendwie fand ich das ebenso tröstlich wie unbegreiflich – sie sprachen also immerhin noch miteinander, aber sie hatten nicht mit mir gesprochen. Wer weiß, wie lange schon. Wer weiß, wie lange ich hier schon in einer Scheinwelt lebte. Wenn das möglich war, dann war nichts und niemandem mehr zu trauen. Und genau das beschloss ich in diesem Augenblick – nichts und niemandem mehr zu trauen, am allerwenigsten etwas, das einen Anschein von „Normalität" trug. An diesem Tag, irgendwann in meinem dreizehnten Lebensjahr, bin ich aus meiner Kindheit und unserer Familie ausgestiegen – trotzig, verwirrt, verletzt und zu stolz, von nun an irgendetwas mit den beiden zu teilen – auch nicht mehr meine erlebte Wirklichkeit. An diesem Tag brauchte ich nicht zum Training zu gehen.

Mein Lebensgefühl änderte sich zum ersten Mal grundlegend. Sicher war es äußerlich nicht sofort sichtbar, aber innerlich vollzog ich einen wirklichen Perspektivenwechsel. Ich war nun jederzeit bereit, hinter der friedlichen Fassade den Abgrund zu ahnen, ich war innerlich jeden Moment auf dem Sprung, um dem Riss auszuweichen, der sich überall auftun konnte. Seitdem war ich nicht mehr bereit, mich auf irgendjemanden oder irgendetwas zu verlassen und beschloss, in Zukunft die wesentlichen Dinge selbst zu bewältigen.

So bemühte ich mich also nun meinerseits, die Fassade aufrecht zu erhalten. Ich ging zur Schule und sprach mit niemandem über das häusliche Desaster, für das ich mich seltsamerweise schämte. Ich versuchte, Verantwortung und Schuld zu übernehmen, in der hilflosen Hoffnung, die Eltern damit zu entlasten und ihnen womöglich doch noch die Rückkehr in eine gemeinsame Familie zu ermöglichen.

Stattdessen aber stellten mir meine Eltern die befürchtete Frage, ob ich lieber bei meinem Vater in unserer Wohnung bleiben oder lieber mit meiner Mutter und ihrem Freund in dessen Wohnung in den angrenzenden Bezirk umziehen wolle. Sie haben es gut gemeint, dessen bin ich sicher. Sie wollten mir ersparen, in dieser unwirklichen Situation auch noch über mich zu verfügen wie über ein Möbelstück. Mir aber kam es vor, als fragten sie mich, ob ich lieber erhängt oder ertränkt werden möchte, und so zog ich es vor, tatsächlich ein „Möbelstück" zu werden und antwortete kühl und distanziert, dass mir das völlig egal sei. Gleichzeitig fühlte ich mich in meiner eigenen Sprachlosigkeit wie in einem Käfig gefangen, aus dem ich keinen Ausweg mehr fand – und lernte resigniert und trotzig zu schweigen.

Jedenfalls zog ich schließlich aus rein praktischen Erwägungen mit meiner Mutter zu A., der uns liebevoll aufnahm.

Viel schwieriger gestaltete sich die Situation beim Schwimmen. A. gehörte zu einer der anderen „Schwimmfamilien". Zwar lebte er schon länger von seiner Familie getrennt, aber er war bekannt bei allen, die zu der „Schwimmszene" gehörten. Die Begegnung mit seiner Familie bei Wettkämpfen, mit den anderen Mädchen, mit meinen Trainern, die natürlich alle längst Bescheid wussten, hielt ich nicht aus. Ich schämte mich bodenlos, und auch wenn ich nicht über das Thema sprach, fühlte ich mich im Wasser wie mit Bleigewichten beschwert. Mein sonst so durchtrainierter und leistungsbereiter Körper ließ mich immer mehr im Stich, plötzlich schwammen andere an mir vorbei, denen ich sonst weit überlegen war, und ich konnte überhaupt nichts dagegen tun. Ich begann, mich selbst zu hassen für meine Schwäche, meinen Körper verachtete ich für sein Versagen, meine Eltern waren mir völlig entfremdet, und meine Trainer ertrug ich kaum wegen ihres Mitleids und ihrer eifrigen Durchhalteparolen.

Schließlich beschloss ich von einem Tag auf den anderen, mit dem Schwimmen aufzuhören und auf diese Weise diesem emotionalen Minenfeld zu entgehen. Meine Trainer waren entsetzt. Sie waren der festen Überzeugung, dass die Leistungsschwäche vorübergehen würde und wir dann unseren Siegeszug zu olympischen Höhen fortsetzen würden – ein Gedanke, der mir zu diesem Zeitpunkt völlig gleichgültig war. Die Sportärzte, die uns betreuten, rieten dringend von dem plötzlichen Trainingsabbruch ab und warnten vor den körperlichen Folgen, die für einen hochgezüchteten Organismus wie meinen zu erwarten seien – Herz- und Kreislaufprobleme sowie Stoffwechselprobleme wären vorprogrammiert. Natürlich hatten sie recht, aber diese Aussicht auf eine mögliche Erkrankung unterstützte nur meine halbbewussten Rachegedanken: „Dann gehe ich eben kaputt, das habt ihr dann davon."

Wenn ich mich jetzt beim Schreiben in diese Zeit zurückversetze, spüre ich die Aggression, die sich gegen mich selbst richtet, noch immer sehr deutlich – eine hilflose und ohnmächtige Wut, die sich mangels anderer Ziele gegen die eigene Person richtet und Schmerzen, Verletzung, auch irreversible Beschädigung dieser Person durchaus in Kauf nimmt, wenn nicht sogar erstrebt.

Bewusst schreibe ich so distanziert von „Person", nicht von meinem „Ich" oder „meinem Körper", denn genau diese selbstverständliche Identifikation mit dem eigenen Leib und dem eigenen Ich war nicht mehr gegeben. Ich war ja aus mir „ausgezogen" und behandelte mich nur noch wie ein Objekt, das man für verschiedene Zwecke einsetzen konnte.

Diese Form der Selbstentfremdung hat in späteren Jahren noch viel massiver mein Leben bestimmt, aber die Anfänge liegen in der Zeit, als meine Eltern sich trennten. Mir fehlte wohl ein Mensch, der mich – außerhalb von den belasteten Systemen Familie und Sport – zu mir selbst zurückgeführt hätte und mit mir gemeinsam die überwältigenden Gefühle angenommen und mitgelitten hätte. Mir fehlte ein Sinnzusammenhang, der die familiäre Katastrophe und die dadurch ausgelöste Identitätskrise aufgefangen und relativiert hätte. Oder ganz einfach gesagt: Mir fehlte irgendein fester Bezugspunkt, sei es ein Mensch oder Gott, dem ich mich hätte in die Arme werfen können, der meinen Schmerz ebenso ertragen hätte wie meine große Selbstgerechtigkeit und beides gelindert und vielleicht irgendwann geheilt hätte. Diesen Menschen gab es damals nicht, und von dem „Bezugspunkt Gott" wusste ich noch nichts.

Stattdessen verfestigte sich eine Art „doppelte Sichtweise" des Lebens. Nach außen war ich weiterhin engagiert und ansprechbar, nach innen breitete sich ein zunehmendes Gefühl von Isolation und Wortlosigkeit aus. In den Tagebüchern dieser Zeit war oft von einer Glasglocke oder einer Glaskugel die Rede, in der ich lebte: Ich fühlte mich zwar sichtbar, aber nicht hörbar für die anderen. Inmitten der anderen allein.

In dieser Zeit, also mit 14 oder 15 Jahren, entwickelte ich zum ersten Mal eine Essstörung, die allerdings völlig unbemerkt blieb, auch von mir selbst. Sie war die einzige Möglichkeit, mit den angestauten und verdrängten Ängsten und Gefühlen umzugehen, sie buchstäblich zu „verpacken". Ich wurde deutlich dicker, was aber niemanden erstaunte. Denn natürlich hatte ich sehr viel gegessen als aktive Hochleistungssportlerin, und jeder wusste, dass ich damit nicht so schnell aufhören konnte. Außerdem suchte ich meinen Platz in der Schule und in der Gruppe der jungen Mädchen dort und stellte fest, dass sie sich verändert hatten – sie waren geschminkt, schick angezogen, mit den jeweils aktuellen Verliebtheiten beschäftigt. Irgendwie hatte ich diesen Schritt völlig verpasst und es wurde Zeit, dass ich den Anschluss bekam.

Also überlegte ich, ob irgendeiner der jugendlichen Mädchentypen auf mich passte, ob es ein Bild gab, zu dem hin ich mich vielleicht entwickeln könnte. Das war nicht so einfach, denn ich fand mich noch nie wirklich hübsch, nun wurde ich auch noch dick, von Mode hatte ich wenig Ahnung, Jungs waren mir eigentlich egal, wenn sie nicht gut schwimmen konnten, und zu alledem war ich weiterhin eine gute Schülerin und behielt mein Muster bei, jedem Lehrer eine wichtige Stütze zu werden. Das passte alles nicht unbedingt in die „Girlie"-Gruppe, die in meiner Klasse dominierte. So blieb ich zunächst allein und rettete mich in meine Funktionen und Aufgaben: Denn meine Ämter als Klassen- und Schulsprecherin nahm ich sehr ernst und legte sie wie einen Mantel um meine verwirrte Identität. Da ich nun viel mehr Zeit hatte als früher, stürzte ich mich in die freiwillige Mitarbeit der Arbeitsgruppen, die sich nachmittags trafen: Theater-AG und Anti-Drogen-AG, Projektgruppen zur Unterstützung armer Schüler in armen Ländern. Durch den klassenübergreifenden Projektunterricht lernte ich einige Mädchen und Jungen aus anderen Klassen kennen, die anders waren als die bunten, blonden, hübschen Mädchen in meiner Klasse und zu denen ich mich hingezogen fühlte. Die äußeren Erkennungszeichen waren lange Haare, zerrissene Jeans, schlabberige Pullover in Grau, Braun oder Dunkelblau, Indientücher und Silberschmuck, eine ganz bestimmte Schuhmarke – die Roots – mit den nach hinten abfallenden Sohlen und, ganz wichtig, die gesinnungskennzeichnenden Anstecker „Gorleben soll leben" und „Atomkraft Nein Danke". Ende der siebziger, Anfang der achtziger Jahre waren das die nachgeborenen Kinder der Hippies, und unsere Vorbilder waren die Mütter und Väter der grün-alternativen Bewegung.

Es waren etwa acht oder neun Mädchen und Jungen in unserer Jahrgangstufe, die sich schon früh in diese Richtung entwickelten, und ich schloss mich ihnen begeistert an. Es waren die Inhalte, die mich lockten, die einen viel weiteren Blick eröffneten als nur Schule und die Frage der aktuellen Disko, in die ich mich sowieso nicht traute, weil ich nicht tanzen konnte und unter meinem Aussehen litt. Hier aber wurde gedacht, diskutiert, gerungen und gelitten, und besonders Letzteres war mir ja vertraut – und plötzlich konnte ich mit anderen meine Trauer über die Welt und die Menschen teilen, auch wenn es nicht um meine Familie, schon gar nicht um mich, sondern um Kinder in Südamerika und bedrohte Bäume ging. Das war mir gerade recht, und es war vor allem sinnvoll.

Durch die Beschäftigung mit Atomkraftwerken, Baumsterben und weltweiter wirtschaftlicher Ungerechtigkeit bekam ich einen Blick für die größeren Zusammenhänge unseres Lebens.

Wir hatten einige gute Lehrer, die unseren Hunger nach geistiger Auseinandersetzung mit der Welt und die Suche nach Formen verantwortlichen Handelns sehr ernst nahmen und uns mit entsprechender Literatur und Handlungsangeboten förderten. In dieser Zeit entdeckte ich überhaupt meine Liebe zur Literatur und die Möglichkeit, mittels der Kunst – sei es in der Literatur, in der darstellenden Kunst oder in der Musik – die auch in mir immer wieder auseinanderstrebenden Innen- und Außenwelten in Verbindung zu bringen. Plötzlich erfuhr ich, dass diese unterschiedlichen Welten offenbar nicht getrennt sein mussten, sondern einander durchdringen und beleben konnten. Sie konnten durchaus durch Sprache, Farbe, Bewegung und Klang miteinander in Beziehung treten und wurden wenigstens von einigen Menschen auch verstanden. Mit Begeisterung begann ich, Künstlerbiographien zu lesen und ahnte in manchen dieser Lebensläufe dieselbe Zerrissenheit, die ich im eigenen Herzen spürte. Und ich erkannte staunend, dass die Meisten sich damit nicht zufriedengaben, sondern nach Formen suchten, diese Zerrissenheit wenigstens darzustellen und, besser noch, sie irgendwie zu verbinden, zu heilen, in einem größeren Ganzen zu bergen. Zwar wusste ich längst noch nicht, wonach ich eigentlich suchte, aber ich begann zu ahnen, dass es einen „Such-Weg" gibt, auf dem ich mich keineswegs allein befand. Kunst, Philosophie, Mythologie, der weite Blick über die Jahrhunderte und Jahrtausende hinweg und die Frage nach dem, was in allem Wandel bleibt und trägt, faszinierten mich mehr und mehr und ließen mich Stunden in Museen und Bibliotheken verbringen.

Meine Eltern nahmen alle diese Bewegungen zum Teil skeptisch, zum Teil staunend zur Kenntnis. Meine Kleidung brachte meine Mutter manchmal zur Verzweiflung, aber die Liebe zu Kunst und Philosophie unterstützten meine Eltern, auch wenn wir nicht miteinander darüber sprachen. Mein Vater brachte mir geduldig ein Reclam-Heft mit Platons Dialogen nach dem anderen mit, den ich mit Feuereifer begonnen hatte zu lesen, und ich setzte mich stundenlang auf den Balkon unserer kleinen Neubauwohnung, schaute in den Himmel und versuchte, mich an Platons Ideen „zu erinnern" und die Grundlagen unserer Welt zu begreifen. Mich fesselte der Gedanke aus dem Höhlengleichnis, dass alles, was wir hier sehen, nur ein Abbild, ein Schatten aus einer ganz anderen, und zwar der eigentlichen, Welt ist – dass wir uns also nur umzudrehen brauchen, um die Wirklichkeit und den Sinn in all dem zu entdecken.

Hätte ich damals erfahren, dass dieses „rückwärtsgerichtete" Erinnern auch ein Gespräch mit einem gegenwärtigen Gott sein könnte, hätte ich mich vermutlich sofort im Gebet versucht. Aber offenbar war ein religiöser Ort noch nicht vorgesehen auf meinem Weg.

Mit dieser frühen Form der philosophischen Betrachtung der jenseitigen Welten entging ich allerdings auch der realen Auseinandersetzung mit meinen Eltern und unserer häuslichen Situation.

Meine Mutter und ich waren nach einer etwa dreivierteljährigen Trennung wieder zurück zu meinem Vater in unsere gemeinsame Wohnung gezogen. Die beiden wollten es doch noch einmal miteinander versuchen und mir

ein intaktes Elternhaus bieten. Der Versuch war gut gemeint, aber sicher zu dieser Zeit schwer zu verwirklichen.
Ich hatte mich innerlich zu weit entfernt, traute dem Frieden nicht mehr. Mein Vater verbrachte weiterhin viele
Abende im Büro, bei seinen Eltern und bei Geschäfts-
freunden, meine Mutter war weiterhin viel allein und
fühlte sich oft verlassen. Vielleicht hätte uns damals eine
Familienberatung helfen können, aber wenn es solche
Möglichkeiten gab, so wussten wir jedenfalls nichts davon
und litten eher alle drei jeweils allein an der Situation.

II.

Begegnung am Abgrund

Es waren zwei Ereignisse, die neue Bewegung in mein Leben brachten. Am ersten Schultag der 10. Klasse, ich war gerade 16 Jahre alt, betrat Xenia den Klassenraum. Nein, sie betrat ihn nicht, sie trat auf und machte den Raum im Handumdrehen zu ihrer Bühne und uns zu ihrem Publikum. Trat auf mit einem schwarzen Ledermantel, darunter ein schwarzes T-Shirt mit einem viel zu tiefen Ausschnitt für den frühen Morgen des ersten Schultags, und roten Hosen. Sehr rote Hosen an diesem grauen Tag. Auch ihre dunkelbraunen Haare hatten einen rötlichen Schimmer und lagen in einem schlichten Pagenkopf um ihr Gesicht. Während wir zaghaft versuchten, interessant auszusehen, war Xenia *schön*. Sie war einfach nur wunderschön, und sie wusste es. Sie wusste auch, dass sie mit uns jungen Mädchen nicht viel gemeinsam hatte außer der misslichen Tatsache, dass sie von nun an die meisten Tage der Woche mit uns in diesem Raum verbringen musste.

Wie alle anderen war ich vom ersten Augenblick an gebannt von ihr und wusste sofort, dass wir uns – ganz wie in den so lebensnahen Hanni und Nanni-Büchern – entweder hassen oder lieben würden.

Und so entspann sich auch mit dem ersten Blick und ohne ein weiteres Wort ein Kampf zwischen uns, bei dem es zunächst schlicht und einfach um Macht ging – nicht nur um die zukünftige Herrschaft in der Klasse, sondern vor allem um die Herrschaft übereinander. Der Kampf endete unerwartet, wenn auch dem oben erwähnten Internatsklischee voll entsprechend: Wir wurden

Freundinnen. Nicht einfach Freundinnen, das wäre mit ihr nicht möglich gewesen. Wir wurden einander alles. Keine Pause, kaum einen Nachmittag, kein Wochenende, das wir nicht gemeinsam verbrachten. Sie wohnte bei einer älteren Tante, etwa ein halbe Wegstunde von meiner elterlichen Wohnung entfernt, sodass wir uns gut erreichen konnten – zu Fuß, mit dem Rad, bald mit dem Moped. Denn natürlich hatte sie ein Moped, ein richtiges schwarzrotes Kleinmotorrad, und trug einen echten Integralhelm und natürlich eine schwarze Lederjacke. Das war zu dieser Zeit sensationell, erst recht für eine 17-jährige Frau. In den folgenden Jahren fand sie viele Nachahmerinnen, aber zunächst war sie in der Schule wirklich das, was man sich unter einer „Queen of the road" vorstellt. Die Jungs in der Schule waren hingerissen und hätten ihr ohne Weiteres jede Tasche getragen und den Staub unter ihren Füßen geküsst – aber zu unser aller Verwirrung interessierte sie das nicht im Mindesten.

Es war nämlich so: Die Einzige, die sie interessierte, war ich. Ich konnte es nicht fassen. Weil ich mich selbst so wenig attraktiv fand, traute ich dieser mir unbegreiflichen Erwählung lange nicht, sondern erwartete Schliche und Hinterhalt – bis Xenia eines Tages statt mit roten Hosen und schwarzem T-Shirt wirklich und wahrhaftig mit ausgeblichenen Jeans, grauem Schlabberpulli, Roots und dem obligatorischen Button am blauen Duffle-Coat erschien. Sie hatte sich tatsächlich an unseren Kleider-Code angepasst, hatte mit ihrer äußerlichen Verwandlung die Seite gewählt. Meine Seite. Da erlaubte ich mir endlich, ihr zu vertrauen. Widerspruchslos wurde sie in unsere Clique integriert. Doch Xenia war kein Gruppenmensch – ihre Verwandlung war der Preis dafür, mich aus dieser Gruppe herauszulocken. Und so waren wir einander bis auf Weiteres zu zweit genug. Fast zwei Jahre lang lebten wir eine intensivste Beziehung, in der wir unsere inneren und äußeren Welten öffneten und teilten, in die niemand sonst Zugang hatte.

Meistens fuhren wir zusammen an ein verborgenes Ufer des nicht allzu weit entfernten Tegeler Sees, an dem wir einen ganz besonderen Baum entdeckt hatten – einen Baum, in dessen tiefliegender Astgabel wir beide ohne Probleme sitzen konnten und dabei noch reichlich Platz hatten für eine Flasche Rotwein, eine Kerze und, wichtiger als beides, einen Kassettenrekorder mit der Musik von *Supertramp*. Kein Lied von *Supertramp*, das ich nicht auswendig konnte, keine Schallplatte, die ich nicht besessen hätte, und kein noch so feines Timbre in den fistelnden Stimmen, die nicht sämtliche Herzsaiten in mir zum Schwingen gebracht hätten. *Supertramp* war unsere Musik, unser Hymnus, unser Bund, und der „Kultplatz", also jener Baum, auf dem wir dieses heimliche Ritual zelebrierten, hatte einen Namen: *Kesuwe* (mit Betonung auf der letzten Silbe), aus *Ke*rzen-*Su*per-tramp-*We*in. So einfach war das. Wir brauchten keine Diskotheken, keine Jungs, überhaupt keine anderen Menschen. Wir lebten wie in einem Paradies außerhalb unseres häuslichen Elends und dem Rest der Welt, die, solange wir beieinander und in *Kesuwe* waren, auch hätte untergehen können, ohne dass uns das mehr als ein paar philosophische Allgemeinplätze entlockt hätte. Keine Frage – wenn auch ganz unkörperlich, so war Xenia meine erste große Liebe, einfach deshalb, weil sie meine unklare Sehnsucht, in beiden Welten zu leben, nicht nur verstand, sondern teilte.

Für Momente berührten sich meine Innen- und Außenwelten in der Begegnung mit dieser Frau und in der gemeinsam verbrachten Zeit. Alle Möglichkeiten, alle Energie und alle Gefühle wurden lebendig in unserer Welt, und das hieß: ich selbst wurde lebendig und begann, mich wieder zu spüren als Mensch mit Haut und Haaren, mit Stimme und Klang. Der goldene platonische Schimmer, den ich in verborgenen Ideen gesucht hatte, lag auf Xenia, strahlte über unserer Welt und unserer gemeinsam verbrachten Zeit. Sie war die Idee, das Ideal von Freundschaft leibhaftig, und unsere Freundschaft war für mich ein Hinweis dafür, dass Liebe und Friede möglich war – in *dieser* Welt, nicht nur im Reich platonischer Ideen.

Xenia schien es umgekehrt genauso zu gehen. Anfangs wartete ich fast täglich auf das Zeichen, dass sie unserer Freundschaft überdrüssig würde, dass ich mich getäuscht hätte und doch alles nur Spiel und Einbildung wäre. Aber sie ließ nicht nach, mich durch Geschenke und Worte ihrer Zuneigung zu versichern, und sie suchte unser Paradies, unsere verzauberte Idylle ebenso dringend wie ich. Wenn auch aus anderen Gründen, war sie doch genauso einsam und orientierungslos. Ihre Mutter war gestorben, als sie noch ein kleines Kind war, ihr Vater hatte wieder geheiratet, war aber nie da, und aus irgendwelchen Gründen war es nötig, dass sie bei ihrer Tante wohnte. Geld war reichlich vorhanden bei ihrem umher reisenden Papa, daran fehlte es zu keiner Zeit, und Xenia bekam tatsächlich, was immer sie wollte – sofern es sich um Dinge handelte, die man kaufen konnte.

Sie hatte auch einen Freund, der älter war als wir und so gut wie nie in Erscheinung trat. Ich sah ihn nur ein oder zwei Mal, und mit Sicherheit hat meine Eifersucht damals meinen Blick getrübt. Mir ist vor allem in Erinnerung geblieben, dass ich entsetzt war über ihn. Neben meiner schönen Freundin wirkte er primitiv, schmutzig, brutal, schien einer völlig anderen Welt anzugehören als unserem kleinbürgerlich geordneten Milieu. Xenia traf ihn meist nur in der Nacht von Samstag auf Sonntag, wenn sie, nachdem sie sich von mir verabschiedet hatte, in irgendwelche Diskotheken zu ihm ging. Tags darauf war sie meist blass und schlecht gelaunt, schwieg aber beharrlich über die Beziehung, und ich fragte sie bald nicht mehr danach. Es blieb das Gefühl, dass etwas Dunkles von diesem Mann ausging, etwas, das sie bedrohte und dem sie sich letztlich nicht entziehen konnte. Ich hatte immer Angst, sie an diese bedrohliche andere Seite ihres Lebens zu verlieren, obwohl sie alles tat, um mich vom Gegenteil zu überzeugen. Letztlich ist es doch so gekommen. Durch das zweite Ereignis dieser Jahre, das mir nach dem Zerbrechen meiner kleinen Welt den Boden unter den Füßen innerlich noch weiter entzog, verlor ich Xenia noch während unserer gemeinsamen Schulzeit aus den Augen, und ich weiß nicht, was aus ihr geworden ist. Auf ein einfaches Blatt Papier schrieb sie mir ein Wort von Aristoteles in lateinischer Übersetzung: *amicus esse unum animum in duobus corporibus*, „ein Freund ist eine Seele in zwei Körpern".

Die romantische und manchmal verzweifelte Freundschaft mit Xenia hat mein Herz erweckt und belebt, das nach der Trennung meiner Eltern zu erfrieren drohte. Vielleicht konnte mich deshalb dieses zweite Ereignis so ungeschützt treffen, die Begegnung mit meinem künftigen Lebensthema – schonungslos und zersprengend wie der gut platzierte Schuss eines Jägers.

10. Klasse, Geschichte, Thema: „Deutscher Nationalsozialismus" und „Drittes Reich".

Der Klassenraum ist verdunkelt, vor der Tafel eine große Leinwand. Unscharfe Schwarz-Weiß-Bilder beginnen zu flimmern, knarrende, bellende Stimmen dringen aus dem Lautsprecher an unsere Ohren. Es sind Originalaufnahmen von 1945 aus den gerade befreiten deutschen Konzentrationslagern: Auschwitz, Birkenau, Buchenwald. Ich sehe Berge, wirklich Berge von toten Menschen neben Baracken liegen. Ausgemergelte, unkenntliche, knochige Leichen auf einer Lagerstraße. Ein Bagger fährt ins Bild und lädt diese toten Menschen schaufelweise wie Säcke auf, fährt sie zu einer riesigen Grube und kippt seine Ladung aus. Immer wieder fährt er zu dem Menschenhaufen, lädt seine Schaufel voll und fährt damit zu der Grube. Dazwischen Überlebende, die mit stumpfen Augen aus ausgetrockneten Schädeln blicken, einige versuchen zu winken, zu lächeln. Und wieder der Bagger, das Bellen menschlicher Stimmen, die Grube. Es nimmt kein Ende.

Der Klassenraum ist schon längst wieder hell, unser Geschichtslehrer spricht über Zahlen, Namen, Fakten. Fragt nach unseren Eindrücken, nach unserem Vorwissen, bemüht sich um ein Gespräch. Manche antworten, andere bleiben still oder retten sich in Sachlichkeit. In meinem Kopf aber fährt dieser Bagger unaufhörlich weiter. Wie in einer Endlosschleife wiederholen sich die Bilder, und wo vorher ein Gehirn, Gedanken und ein Mund zum Sprechen waren, ist ein schwarzes Loch – einfach ein schwarzes Loch. Bei dem leisesten Versuch, wieder zu denken, zu fühlen oder zu sprechen, fährt der Bagger in meinem Kopf los und schaufelt Berge von Menschen in die Grube, während eine gellende Stimme bellt. Ich erstarre in panischer Angst vor dem Grauen dieser Bilder und sage kein Wort mehr.

Mit Sicherheit gab es mehr und andere Unterrichtsstunden zu diesem Thema. Unser Lehrer war hervorragend, ich hatte ihn jahrelang in verschiedenen Fächern und habe seinen Unterricht sehr genossen. Mit Sicherheit hat er alles getan, um uns sehen und verstehen zu lehren, was da geschehen war in Deutschland – falls überhaupt zu verstehen ist, was da zu sehen war. Dies ereignete sich außerdem zu einer Zeit, in der in der Bundesrepublik die zweite große Phase der Erinnerungsarbeit an die *Schoah*, dem Verbrechen der Deutschen am jüdischen Volk, begann. Die auch international beachtete Fernsehserie „Holocaust" lief im Dritten Programm, ich habe sie zu Hause gesehen, und wir redeten im Schulunterricht darüber. Sicherlich hatten die Bilder, die ich gerade beschrieben habe, einen Rahmen und wurden durch weitere Informationen und inhaltliche Erweiterungen eingebettet. Natürlich habe ich auch wieder zu sprechen begonnen.

In dieser Geschichtsstunde geschah es, dass zum zweiten Mal, nach der Trennung meiner Eltern, mein Weltbild erschüttert wurde und sich veränderte. Nicht nur misstraute ich jeder sogenannten „Realität", denn ich hatte erfahren, dass geordnete menschliche Wirklichkeit sofort zerbrechen kann. Nun glaubte ich außerdem noch zu erkennen, dass es eine absolut abgründige, lebensverneinende, möglicherweise alles vernichtende Kraft gab, ganz real in dieser Welt und als immer vorhandene Option in jedem einzelnen Menschen – auch in mir. Ich sah in ihr eine Wirklichkeit, so vernichtend und verneinend, dass sie eigentlich eine Nicht-Wirklichkeit, ein verschlingendes Nichts sein müsste, das doch millionenfach tödlich in Erscheinung getreten war. Worte, Leben, Schönheit, Liebe – alles verlor plötzlich an Bedeutung angesichts dieses sichtbar, erfahrbar gewordenen Abgrunds, der sich mit einem Mal in meinem Kopf aufgetan hatte und in dem tote Menschen haufenweise versanken, immer wieder.

Mir schien, dass es nur einen Ausweg geben könne, wenn ich nicht auf der Stelle selbst in diesem Abgrund versinken wollte (und wie oft dachte ich, dass das die einfachere Lösung wäre). Ich musste alles lernen, alles wissen, was mit dieser Unfassbarkeit zu tun hatte, wollte versuchen, mit meinem Verstand dem Sog des Grauens zu widerstehen. Nur wenige Monate später fuhren wir mit demselben Lehrer und einer kleinen Gruppe von Oberstufenschülern nach Auschwitz. Natürlich fuhr ich mit, denn ich dachte, dass ich, wenn ich einen dieser Orte wirklich sähe, in dieser realen Welt verankert, wenn ich den Ort und das Geschehen dort auch eingegrenzt sehen könnte auf Raum und Zeit – was ich in meinem Kopf sah, passierte dort ja nicht mehr –, dass ich dann vielleicht von der dauernden Konfrontation frei würde. Das Gegenteil war der Fall. Was bisher nur als „Film" in meinem Kopf ablief, bekam jetzt eine eigene, erlebte Erinnerungsqualität.

Zu unserer Schülergruppe gehörte eine junge Frau, Julia, mit der ich locker befreundet war. Sie gehörte zu unserer Clique, die zwar durch meine Freundschaft mit Xenia in den Hintergrund getreten, mir dabei aber weiter nah und wichtig war. Julia war eine große, starke, blonde Frau, meist ruhig und gelassen. Wo sie auftauchte, wurde es friedlich, ohne dass sie viel dazu tat. Julia war keine Frau überschwänglicher Gefühle. Sie war stets diejenige, die uns alle wieder auf den Boden zurückholte und erst mal eine Zigarette rauchte, bevor sie sich aufregte. Ihre Nähe war mir oft ein willkommener Ruheplatz.

Julia ging wie wir über die Lagerstraße von Auschwitz. Plötzlich blieb sie stehen, lehnte sich an eine der Barackenwände und begann zu weinen – lautlos, haltlos, untröstlich. Selten habe ich einen Menschen so weinen sehen. Sie konnte keinen Schritt weiter gehen, wir anderen standen in einigem Abstand hilflos um sie herum. Und Julia weinte und weinte.

Dein goldenes Haar Margarete
dein aschenes Haar Sulamith

Ich sah sie an und wusste dabei, dass ich selbst keine Chance mehr hatte. Wenn die ruhige unerschütterliche Julia dem Grauen nicht standhalten konnte, dann konnte ich es aufgeben, dem Abgrund entkommen zu wollen. Denn das Schreckliche war nicht nur ein Film in meinem Kopf. Es war wirklich. Vergessen war nicht mehr möglich.

Nach der Rückkehr von unserer Reise fing ich an, alles zu suchen, zu erfragen, zu lesen über die, die in diesen Lagern gelebt hatten und gestorben waren. Eigentlich suchte ich wohl die, die *überlebt* hatten, die mir Zeichen und Hoffnung sein könnten, dass Überleben möglich war. Verzweifelt suchte ich den Beweis, dass zuletzt und zuerst das Leben siegt.

So las ich alles über das Judentum, was ich finden konnte. Informierte mich über die jüdische Geschichte, hörte jüdische Musik, las jüdische Literatur und war zutiefst berührt davon, dass einige überlebt hatten und offenbar mit dem Abgrund im Herzen zu leben gelernt hatten. Es war also möglich. Es gab also etwas, das es möglich machte, mit diesem „Trotzdem" zu leben. Etwas zu haben, zu kennen, zu leben, das stärker, lebendiger und machtvoller ist als das verschlingende Nichts, als dieser Tod. Ich musste es finden, wenn ich mit all dem weiterleben wollte.

Ein Jahr später beendete ich meine Schulzeit, erwartungsgemäß als Beste meines Jahrgangs. „Erwartungsgemäß", das muss so gesagt werden. Niemand, weder meine Eltern noch meine Lehrer und Freunde, wusste, auf welch dünnem Eis ich mich bewegte und dass ich mich diesen immer wiederkehrenden grauenhaften Bildern und dem abgründigen Dunkel in meinem Kopf ausgeliefert fühlte. Vielleicht war es mir nicht einmal selbst richtig bewusst. Es waren so viele und so existenzielle Fragen und Unsicherheiten in mir: „Wie können wir Menschen leben, wenn wir so maßlos böse sein können?" – „Wer schützt mich vor der Dunkelheit und der Angst in mir?" – „Gibt es so etwas wie eine Heimat für mich?" – „Gibt es denn irgendeinen Sinn angesichts dieses Abgrunds, den wir Menschen aufgerissen haben?" – „Und wer schützt mich vor dieser Stimme in mir, die mir immer lauter einredet, dass in dieser Welt Sterben leichter ist als Leben?"

Ich hatte Angst vor der Unklarheit, die mich nach der Schule erwarten würde, davor, keinen Ort zu haben, an den ich gehörte. Ich hatte zu Recht Angst, wie ich heute weiß.

In meiner Fotokiste gibt es zwei entzückende Bilder von der Abiturfeier. Ein junges hübsches Mädchen, etwas pummelig, mit langen blonden Haaren in einem dunkelroten „Indien-Kleid" und einem lieben Lächeln im Gesicht schüttelt Hände, nimmt Glückwünsche entgegen. Eine wunderbare Zukunft unbegrenzter Möglichkeiten scheint ihr offen zu stehen. Barbara, Abi 1982, Jahrgangsbeste.

Es sind die letzten Bilder von diesem jungen Mädchen, das ich einmal war. Bald danach begann ein jahrelanger heftiger Kampf meiner verschiedenen Innen- und Außenwelten, in denen ich gleichzeitig zu leben versuchte. Aus diesem Kampf ging ich – Gott sei Dank – lebendig hervor. Aber verändert und mit einem anderen Namen.

III.
Wo kann ich leben?

Einzelne, auseinanderfallende Stücke sind die folgenden Jahre in meiner Erinnerung. Zeitfragmente sind da – die richtige Abfolge wird unwichtig, wenn es um das einfache Überleben geht. Das Aufeinanderprallen der offenbar nicht zu vereinbarenden Innen- und Außenwelten wurde zunächst heftiger und hatte eine zerstörerische Gewalt, bevor ich schließlich nach Jahren in eine Lebensform fand, in der die Integration aller Erfahrungen möglich war und ein wirkliches Leben in Würde und Kraft sich eröffnete. Ich möchte diese Jahre der Verwirrung nicht missen; sie haben mich gelehrt, was Menschen erleben und überleben können. Sie haben mich gelehrt, hinter den äußeren Anschein zu schauen und keine Angst zu haben vor dem, was Menschen zugemutet wird und was sie sich – was wir uns – auch selbst antun.

Vor allem haben sie mich gelehrt, nicht aufzugeben, sondern mitten im Abgrund unbedingt und, wenn es sein muss, gegen alle Vernunft am Leben und an der Liebe festzuhalten.

Meine Eltern schenkten mir zum Abitur eine Reise nach Israel. Natürlich hatten sie meine leidenschaftliche Hinwendung zu allem Jüdischen registriert und waren zu Recht der Überzeugung, mir mit dieser Reise eine Freude zu machen. Sie wurde mehr als das – sie wurde ein Tor in ein neues Leben, auch wenn dies nur sehr mühevoll zu erringen war.

Meine Mutter begleitete mich. Und weil wir das erste Mal im Land waren, schlossen wir uns einer zehntägigen

Rundreise unter dem Thema „Biblisch Reisen" an. Wir reisten von Tel Aviv nach Jerusalem und besuchten die christlichen Stätten, von dort ging es weiter ans Tote Meer, hinauf nach Massada, nach Jericho, das 1982 problemlos zu erreichen war, wir fuhren nach Bethlehem und Hebron, auch das damals kein Problem. Von dort ging es gen Norden nach Tiberias und an den See Genezareth; ich kann mich auch erinnern, bei dieser ersten Reise das „Paradies" in Dan gesehen zu haben, und schließlich besuchten wir selbstverständlich Nazareth, Akko und Caesarea, bevor wir von Tel Aviv aus zurückflogen.

Vom ersten Tag an war ich hingerissen von den Menschen, der Vielfalt der Landschaften, der unglaublichen und nicht beschreibbaren Intensität des Lebens. In keinem anderen Land der Welt leben auf so engem Raum so unterschiedliche Menschen zusammen, trifft geballte Geschichte in dieser Weise aufeinander, ist jeder Atemzug so sehr erfüllt von Verheißung, Enttäuschung, Wut, Sehnsucht – und der unverdrossenen Gewissheit, dass ein Gott, in welcher Gestalt auch immer, sich genau hier entäußert, gezeigt, begreifbar gemacht hat und jederzeit zu finden ist.

Sicher habe ich die heiligen christlichen Stätten wahrgenommen, sicher auch aufmerksam zugehört. Was mich aber wirklich erschüttert hat, war das jüdische Leben. Die Juden lebten also noch. Sie lebten noch, trotz der KZs und den Öfen, trotz unserer deutschen Bestialität und trotz des Schweigens der Welt dazu. Sie hatten überlebt und sie lebten voller Schönheit und Kraft in einem Land, das so unglaublich intensiv, dicht, kontrastreich und damit lebendig war, dass ich regelrecht trunken war vor Begeisterung. Israel und die jüdischen Menschen dort wurden für mich zum Inbegriff des Lebens „trotz allem", zum sichtbaren, spürbaren, wirklich fassbaren und hörbaren Beweis, dass es wirklich und wahrhaftig eine Kraft gab, die stärker war als jeder Tod. Und wenn diese Menschen diese Kraft „Gott" nannten, den Ewigen, Höchsten, *Ha Schem*, „den Namen", dann wollte ich das von ihnen lernen und wollte diesen Gott kennenlernen und an Seiner Kraft teilhaben.

Ich war wie verliebt und erfüllt von einem Lebensstrom, den ich so nie zuvor gespürt hatte. Seit meiner Begegnung mit Israel richteten sich meine eigentliche Sehnsucht und meine Hoffnung auf die Menschen in diesem Land, die mich vielleicht zu ihrem Gott und in ein Leben führen konnten, das alle Widerstände und den Tod überwindet. Ich würde gewiss wiederkommen, und so schnell wie möglich.

Zunächst aber musste ich zurück nach Berlin und das Leben dort irgendwie organisieren. Seit Jahren war mir klar, dass ich nach dem Abitur Germanistik und Geschichte studieren und schließlich Lehrerin werden wollte. Ich wollte so werden wie meine Lieblingslehrer und -lehrerinnen in der Schule, die mir Augen und Herz für die Kunst, die Schönheit der Sprache, den Abgrund des Möglichkeiten und unsere Verantwortung für den Lauf der Geschichte geöffnet hatten.

Ebenso klar war, dass ich sofort nach dem Abitur aus der elterlichen Wohnung ausziehen würde. Ich wollte frei sein, der immer wieder gedrückten Stimmung in unserer Wohnung entfliehen und vor allem zu denen gehören, die ich bewunderte.

Diese für mich wirklich interessanten Menschen lebten Anfang der achtziger Jahre in Kreuzberg. Das war damals *die* Adresse der alternativen Szene. Dazu gehörten die Hausbesetzer, bunte Straßencafés und noch buntere Menschen, Ausländer ebenso wie Obdachlose, Studenten und Professoren, die mit dem Fahrrad zur Uni fuhren. Es gehörten alte, zum Teil sehr schön restaurierte, zum Teil erbärmlich heruntergekommene Häuser aus dem 19. Jahrhundert dazu, Kiezgeschäfte und Insider-Tipps und flirrendes Nachtleben zwischen Hochkultur und elender Drogenszene. Kreuzberg war die konsequente Fortsetzung der Anti-AKW-Aufkleber und der Friedensdemos, von Roots und Schlabberpullis mit Indienhalstuch. Alle meine Lieblingslehrer wohnten zumindest in der Nähe von Kreuzberg – das heißt, sie wohnten vor allem in Charlottenburg und dem vornehmeren Teil von Schöneberg, also dort, wo man lebte, wenn man aus den alternativen Kinderschuhen herausgewachsen war und ausreichend verdiente.

Ganz klar, ich wollte nach Kreuzberg, dem vermeintlich wirklichen Leben entgegen – und zwar sofort. Überraschenderweise hatten meine Eltern nicht nur nichts dagegen, sondern unterstützen diesen Entschluss nach Kräften. Eines Abends, wenige Wochen nach dem Abitur, kam ich nach Hause, und meine Mutter eröffnete mir, dass sie eine Wohnung für mich gefunden habe. Es war eine auf den ersten Blick ganz entzückende kleine Wohnung im Parterre eines Kreuzberger Altbau-Hauses. Ganz wichtig: Sie hatte Stuck an der Zimmerdecke und eine Ofenheizung. Stuck kannte ich aus den Wohnungen meiner verehrten Lehrer, und seitdem war dieses ästhetische Detail der Inbegriff von echter Wohnkultur. Die Ofenheizung hingegen musste sein, um sich gegen den Gedanken bürgerlichen Überflusses deutlich und notfalls leidend abzusetzen. Beides, Stuck und Ofen, befanden sich in dem größeren Zimmer zur Straße hin; ein zweites kleines Zimmer lag zum Innenhof hinaus, und eine winzige Schlafkammer, in der nicht einmal ich aufrecht stehen konnte, befand sich schon über der Tordurchfahrt und war nur über eine kleine hölzerne Trittleiter zu erreichen, die in der Küche stand. Die Toilette zwischen Wohn- und Hinterzimmer auf dem Flur war so klein, dass es für ein Waschbecken nicht reichte. Eine Dusche gab es sowieso nicht, nur das Spülbecken in der Küche. Die gesamte Wohnung musste also mit dem einen Kachelofen geheizt werden, der im Wohnzimmer stand – und das hieß, dass das kleine Zimmer, die Küche und die kleine Schlafkammer eben vor allem kalt waren. Ich lernte, Kohlen zu kaufen, einzukellern und rechtzeitig vorrätig zu haben und vor allem morgens im Winter das große Zimmer mit vor Kälte klappernden Zähnen zu heizen, bevor an irgendeine andere Aktivität zu denken war. Als es ganz kalt wurde, schleppte ich Matratze, Waschschüssel und Kaffeemaschine in das große Wohnzimmer und hielt mich Tag und Nacht fast ausschließlich dort auf.

Außerdem war die Wohnung dunkel. Aus dem Wohnzimmerfenster schaute ich direkt auf einen türkischen Einkaufsladen – der darüber stehende Schriftzug „Kurbetgida Pazari" drehte sich in langen Schreibtischstunden phasenweise wie ein Mantra in meinem Kopf – leider weiß ich noch immer nicht, was das heißt. Das hintere Zimmer und die Küche gaben den Blick frei auf einen winzigen Hinterhof, in dem trotzig-tapfer eine große Kastanie überlebte, dem kleinen Himmelsausschnitt entgegen wuchs und mir auch das letzte Licht nahm. Dennoch freute ich mich an ihr – sie war lebendig in dieser steinernen Dunkelheit.

Diese misslichen Umstände haben mich am Anfang nicht gestört, sondern eher mit einer Art heroischen Fröhlichkeit erfüllt. Ich wollte ja unserer bürgerlichen Behaglichkeit entfliehen, wollte mich mit den armen Menschen solidarisieren und ein wirklich karges studentisches Leben führen, so wie ich es in Büchern oft gelesen hatte – in Kälte, mit wenig zu essen, kaum etwas zum Heizen, aber erwärmt und beflügelt durch nächtelanges Bücherstudium und entrückt in geistige Welten. So dachte ich mir das. Der ursprüngliche Plan, mit mehreren Freunden aus der Schule eine WG zu gründen, schlug leider fehl.

Xenia war aus meinem Gesichtskreis langsam verschwunden. Meine Verwirrung angesichts unserer deutschen Geschichte und meine zunehmende Fixierung auf Holocaust und Judentum hatte sie nicht teilen können, und wir entfremdeten uns. Nach dem Abitur zog sie fort, ich habe sie nie wiedergesehen.

Die anderen aus der früheren Gruppe blieben zunächst überwiegend in Reinickendorf bei ihren Eltern. Nur Julia, die Ruhige, Unerschütterliche, zog nach Neukölln, also immerhin in erreichbare Nähe – in eine ebenso dunkle, dazu klamme und noch schlechter zu heizende Wohnung. Mit ihr fühlte ich mich solidarisch, wir besuchten uns gelegentlich. Aber Julia hatte inzwischen einen festen Freund, die Beziehung gestaltete sich von Anfang an schwierig, beide entfernten sich in eine depressiv-dunkle Welt, zu der ich keinen Zugang hatte. Die Stimmung dort bedrückte mich zunehmend, und so sahen wir uns immer seltener.

Also war ich plötzlich allein und versuchte, mir Mut zu machen. Es lief doch eigentlich alles „nach Plan". In den nächsten Monaten bis zum Beginn des ersten Semesters

hatte ich vor, bei meinem Vater in der Druckerei zu job-
ben und mir zusätzliches Geld zu verdienen, um so
schnell wie möglich wieder nach Israel reisen zu können.
Bis dahin konnte ich meine freie Zeit nutzen, um in die
jüdische Gemeinde in Berlin zu gehen, mit ihnen die
Schriften zu studieren, Ivrit zu lernen und – mehr wusste
ich auch nicht oder wagte noch nicht, es zu denken. Noch
wagte ich nicht zu denken, dass ich wohl eigentlich eine
Heimat suchte, eine äußere ebenso wie eine geistliche.

Bei meinen Eltern suchte ich sie nicht mehr ernsthaft.
Dennoch fuhr ich natürlich hin und wieder nach Reinickendorf in unsere gemeinsame Wohnung. Ich hatte in
meiner Wohnung kein Bad und keine Waschmaschine,
und selbstverständlich konnte ich beides „zu Hause" nutzen. Bei einem dieser Besuche teilte mir meine Mutter mit,
dass auch sie nun diese Wohnung verlassen und wieder
mit A. zusammenziehen würde.

Wie beim ersten Mal, vor Jahren auf derselben Couch,
reagierte ich kühl auf diese Ankündigung. Verstand plötzlich, wieso mein eigener Auszug so gefördert worden war.
Woher das Geld für die kostbaren antiken Möbel gekommen war, die ich mir zu meiner Überraschung hatte aus-
suchen dürfen. Verstand vor allem, dass alles längst geplant gewesen war – und ich es wieder nicht gewusst
hatte. Von dem Auszug meiner Mutter aus der Wohnung
selbst weiß ich nichts mehr, auch nicht, ob wir noch einmal zu dritt über die neue Situation gesprochen haben. Sie
war plötzlich weg. Der größte Teil der Möbel blieb in der
Wohnung, aber diese Möbel waren leer geräumt, ihre Sachen nicht mehr da – wie ausgeblutet.

Mir bleibt die Erinnerung, dass die Wohnung meiner
Eltern plötzlich sehr still, fast totenstill war und ich mich

wie in einem „Trauerhaus" bewegte. Mein Vater trauerte tief und hilflos. Mit einem Mal waren Frau und Tochter weg. Sicher hatte er zu der Situation ebenso wie meine Mutter beigetragen, und vielleicht hatte auch ich meinen Anteil daran. Aber er war nun derjenige, der zurückblieb in der menschenleeren Wohnung.

Meine Mutter zog zunächst in die Wohnung, in der wir schon einmal gemeinsam gelebt hatten. Außerdem kauften sie und A. sich ein sehr schönes Haus in der Toskana, wo sie zunächst halbjährlich, später das ganze Jahr über lebten. Ich habe sie in späteren Jahren oft dort besucht, das üppige toskanische Leben dieser Jahre genossen und mich mit ihr an der Schönheit und Fülle gefreut. Aber jedes Gespräch über meinen Vater oder unsere Situation insgesamt lehnte ich ab. Ich verweigerte in den nächsten Jahren auch jedes Gespräch über mich selbst – der Graben zwischen meiner Mutter, ihrem Mann, meinem Vater und mir schien mir unüberbrückbar.

Dabei verbrachte ich zunächst viel Zeit bei meinem Vater. Ich hielt es nicht aus, im weit entfernten Kreuzberg zu sitzen und ihn allein und traurig in Reinickendorf zu wissen. Ich hielt auch das Gefühl kaum aus, keinen Ort der Rückkehr mehr zu haben. Und so begannen wir, uns aneinander zu klammern in der absurden Hoffnung, einander Stütze und Halt sein zu können.

Dabei redeten wir nur über Dinge, die nicht belasteten – also weder über meine Mutter, noch über uns, auch nicht über mein Studium, das inzwischen begonnen hatte und mir vom ersten Tag an Mühe machte. Ich konnte mich nicht konzentrieren, kannte niemanden und nichts und war viel zu erfüllt von dem „Elternschock", als dass ich ernsthaft an Vorlesungsplänen interessiert gewesen wäre. Oft saßen Vater und ich einfach schweigend zusammen, schauten fern oder gingen irgendwo in eine Kneipe. Es war die einfachste Form, die Gefühle niederzuhalten, vor denen ich mich fürchtete. Wenn er doch einmal reden wollte, wich ich aus, versuchte meinen Kopf und mein Herz einfach abzuschalten.

In meine eigene Wohnung ging ich nur selten, um Post zu holen oder die Pflanzen zu gießen. Manchmal versuchte ich, mir eine Art Normalität vorzuspielen, indem ich plötzlich einen Großputz veranstaltete, die Fenster weit aufriss, Freunde einlud, mir einredete, wie wunderschön doch dieses Leben in Freiheit sei. Es stimmte nicht, es war weder schön noch frei.

Eines Morgens, als ich wieder mal in meiner eigenen Wohnung geschlafen hatte, wachte ich mit starken Rückenschmerzen und bewegungslosen Beinen auf. Als der Zustand sich nach Stunden nicht besserte, rief ich meinen Vater an. Er konnte nicht sofort weg von der Arbeit, versprach aber, so bald wie möglich vorbeizukommen. Also richtete ich mich auf meinem Sofa ein – und tat nichts mehr. Trotz der Schmerzen und der erschreckenden Erkenntnis, keine Gewalt mehr über meinen Körper zu haben, ging es mir eigentlich nicht schlecht dabei. Ich konnte nichts mehr tun und ich brauchte auch nichts mehr zu tun. Einfach nur noch daliegen und warten. Das entsprach genau meinem inneren Zustand, meiner tatsächlichen Situation. Ich konnte nichts tun außer warten, dass irgendetwas geschieht: dass mein Vater oder ein „Retter" kommt, dass ein Ende kommt, das alle weiteren Fragen überflüssig machen würde. Über mehr habe ich nicht nachgedacht. Der körperliche Zustand entlastete mich endlich von der Notwendigkeit, die Rolle der zähen, immer noch energiegeladenen und erfolgreichen

Tochter zu spielen, der ich mich nicht mehr gewachsen fühlte.

Als mein Vater kam, holte er einen Arzt, da ich sicher war, nicht mehr aufstehen zu können. Der untersuchte mich, gab mir eine Spritze (vermutlich war darin nichts anderes als Kochsalzlösung, denn welches Medikament hätte mir wohl helfen können?) und empfahl Ruhe und möglichst keine Aufregung. Außerdem sollte ich zum Orthopäden gehen – was grotesk war, denn gehen konnte ich eben nicht.

Mehrere Tage verbrachte ich fast ausschließlich in meinem Wohnzimmer liegend; und mehr wollte ich auch nicht. Ich wollte eigentlich nur unbeweglich daliegen und meinetwegen in den Riss zwischen den Welten fallen und vergessen.

Irgendwann bin ich mithilfe einer Freundin doch aufgestanden und zu einem Arzt gegangen, von dem ich den Begriff „Konversionslähmung" – die Umwandlung eines psychischen Konfliktes in eine körperliche Störung – lernte. Das klang ernst genug, mich darauf eine Weile auszuruhen. Irgendwann fühlte ich mich auch wirklich wieder stark genug, um aufzustehen. Ich wollte nicht krank sein, schon gar nicht verrückt, und nahm mir vor, jetzt endlich eine gute Studentin zu werden, wie es ja eigentlich vorgesehen war.

Dass mir das Studium Probleme bereiten könnte, hätten ich und alle anderen am wenigsten erwartet. Gerade die Fächer Deutsch und Geschichte hatte ich im Abitur mit der höchsten erreichbaren Punktzahl abgeschlossen, ich galt lange schon als hochbegabt und motiviert und würde, so war die allgemeine Erwartung, mein Studium in kürzester Zeit durchlaufen und dann eine solide Karriere beginnen. Die Erwartungen waren also extrem hoch – die meiner Eltern, meiner Lehrer und vor allem meine eigenen. Gerade in diesen geliebten Fächern konnte ich über kleinste Fehler tagelang bitterböse sein, und jede andere Note als „Eins" empfand ich fast als Bedrohung meines Lebensrechts. Die vorhandene Begabung hinderte mich nicht, lange und viel zu lernen – denn die Angst vor einem Misserfolg war viel größer als das Vertrauen in die eigenen Fähigkeiten.

Mein Leistungsanspruch begann mich schon im ersten Semester zu tyrannisieren. Je weniger vertraut mir die äußeren Bedingungen waren, desto stärker wurde der innere Druck, perfekt zu sein. Und die äußeren Bedingungen waren völlig unvertraut. Ich kannte in der Berliner „Rostlaube", dem ungemütlichen Fakultätsgebäude der Germanisten und Historiker, wirklich niemanden. Kein einziger meiner früheren Mitschüler studierte hier, stattdessen ging ich auf endlosen, unübersichtlichen Gängen mit Hunderten völlig fremder Menschen in riesige, neonbeleuchtete und stahlgewandete Hörsäle, in denen ich die Dozenten in endlos weiter Entfernung zwar vermuten, aber nicht sehen konnte. Aus buchdicken Vorlesungsverzeichnissen und Studienordnungen versuchte ich zu entschlüsseln, was ich wann und wie tun sollte, und als ich das halbwegs begriffen hatte, verstummte ich vor Ehrfurcht vor den älteren Studierenden, die mich mit ihrem vermeintlichen oder tatsächlich vorhandenen Wissen sofort zum Schweigen brachten. Beim Lernen hatte ich mich bis dahin stets auch an der Person des Lehrers oder der Lehrerin orientiert – wenn sie mich faszinierte und mich lockte und forderte, konnte ich zu Höchstformen auflaufen, andernfalls verlor ich das Interesse oder blockierte einfach. Die Beziehungsebene spielte aber in dieser gigantischen universitären Lernfabrik zunächst überhaupt keine Rolle, und so war ich von Anfang an ziemlich hilflos und verloren – und begann mich zu drücken, wo ich nur konnte. Das wiederum fiel niemandem auf, und so hatte ich nur mit meinem schlechten Gewissen zu tun – das allerdings gnadenlos war und mich nur noch mutloser werden ließ.

Dass ich dennoch mehrere Seminare und Zwischenprüfungen durchaus mit Erfolg absolviert habe, weiß ich heute nur aufgrund der noch vorhandenen Seminarscheine und Prüfungszeugnisse – und staune darüber. Erinnern kann ich mich daran fast überhaupt nicht. Die Themenauswahl, die auf diesen Scheinen vermerkt ist, ist bezeichnend: „Martin Luther und die Juden", „Die Juden in der Romantik", „Jüdische Literatur der Gegenwart", „Frauen in der NS-Zeit", „Heinrich Heine und die Juden", „Widerstand im Nationalsozialismus". „Jüdische Gemeinden im Mittelalter", „Moderne Literatur Israels". Und so weiter. Vielleicht hätte mir jemand raten sollen, doch einfach Judaistik zu studieren und zwar am besten in einer kleinen, persönlichen Fakultät, vermutlich hätte das meine universitäre Laufbahn gerettet – aber diesen Jemand gab es nicht, und so lief ich weiter völlig orientierungslos durch die Gänge.

In einem Literatur-Seminar über Christa Wolf fand ich endlich einen ersten persönlichen Kontakt. Ricarda sprach mich einfach an, als ich nach einem Seminar wieder mal etwas verloren auf dem Gang stand, und lud mich auf einen Kaffee ein. Nach kurzem Anfangsgeplauder fragte sie nach meinem Leben, nach der Schule, die ich gerade erst beendet hatte, nach meiner Wohnung, meinen Eltern. Und ich begann zu reden, in dem überraschten Staunen, dass mir da jemand wirklich geduldig und aufmerksam zuhörte. Und mehr als das: Sie nahm wirklich Anteil, gab mir ein Gefühl von Wärme und Geborgenheit, obwohl wir uns gerade erst ein paar Stunden kannten.

Ricarda fragte nach meinem Freund, als wäre es völlig selbstverständlich, dass ich einen hätte. Und wieder einmal staunte ich selbst darüber, dass ich noch keinen Mann getroffen hatte, der mich wirklich anzog. Zwar gab es in der Schulzeit einige kürzere oder längere Beziehungen, aber – dessen war ich mir auch immer bewusst gewesen – ich ging sie vor allem ein, weil es einfach normal war, einen Freund zu haben. Die Verbindungen endeten jedes Mal abrupt, sobald der junge Mann von mir mehr erwartete als intelligente Gespräche. Keinem von ihnen hatte ich jemals mehr entgegengebracht als freundliches Interesse, und ich hatte bis dahin auch nicht das Gefühl gehabt, einen Mann in meinem Leben zu vermissen.

Ricarda begann, von ihrem eigenen Leben zu erzählen. Sie war gut zehn Jahre älter als ich, also dreißig Jahre alt, hatte bereits ein abgeschlossenes Studium hinter sich, nutzte die Germanistik nun lediglich berufsbegleitend zur Weiterqualifizierung und konnte in Ruhe und Muße lernen, was sie wollte. Auch sie lebte in Kreuzberg, gar nicht weit entfernt. Allerdings in einer großen, hellen und wunderschönen Altbauwohnung und gemeinsam mit einer Freundin. Als ich das erste Mal dort eingeladen war, war ihre Freundin gerade verreist. Dennoch begriff ich durch die Art der gemeinsamen Raumgestaltung und die Weise, mit der Ricarda von ihr sprach, dass sie nicht nur in einer Wohngemeinschaft miteinander lebten, sondern in einer festen und jahrelangen Beziehung. Die beiden Frauen teilten Tisch und Bett ebenso wie das Auto und das gemeinsame Häuschen im Grünen – sie waren ein Ehepaar.

Ricarda führte mich ein in die Berliner Frauenszene – und ich fühlte mich dort sofort zu Hause. Da gab es viele wie mich, die in keines der mir bis dahin bekannten Frauenbilder passten, die lieber lasen und schrieben und diskutierten, als zu tanzen und über das Thema Männer und Kinder nachzudenken, die kurzhaarig und ernst daherkamen und eine Aura von „Anderssein" um sich verbreiteten. Ricarda war in dieser Szene weithin bekannt, und so gewann ich plötzlich einen großen neuen Bekanntenkreis. Sie führte mich in Frauenbuchläden und Frauenkneipen, und ich staunte mehr und mehr, dass es ganz in meiner Nähe eine Welt gegeben hatte, die mir so fremd und dabei, wie ich feststellte, sofort so vertraut war. Endlich hatte ich nicht mehr das Gefühl, irgendwie anders werden zu müssen, anders fühlen zu müssen, irgendwie attraktiver oder weiblicher oder weniger intellektuell sein zu müssen. Zwischen diesen Frauen kam ich mir endlich völlig normal vor.

Ricarda genoss es sichtlich, ein junges, ahnungsloses Mädchen wie mich in diese schillernde, ein bisschen verborgene Welt einzuführen. Wir verbrachten immer mehr Zeit miteinander, bis wir uns schließlich gar nicht mehr trennten und monatelang wie auf einer Insel mitten in der Zeit lebten. Wir flogen nach Kreta und fuhren zu meiner Mutter in die Toskana, gelegentlich studierten wir ein bisschen – immer gerade so viel, dass ich die nötigsten Scheine bekam – und lebten ansonsten glücklich wie Kinder im Paradies. Mit ihr habe ich wirklich verrückte Sachen angestellt, und dass ich mir bei winternächtlichen Badeaktionen in dem eiskalten Landwehrkanal nie mehr als nur einen Schnupfen zugezogen habe, empfinde ich heute noch als eines von mehreren Wundern, mit denen mich der barmherzige Gott am Leben erhalten hat.

Mit ihr vergaß ich für Wochen meinen Vater, meine Angst vor dem Studium, die grübelnden Gedanken, die mir das Leben manchmal so schwer machten. Alles war leicht und schön, solange wir nur zusammen waren. Und wie das so ist in solchen Zeiten: Wir blendeten die Wirklichkeit außerhalb unserer Zweisamkeit beinahe aus. Diese Wirklichkeit meldete sich nach einer Weile in den Forderungen ihrer Freundin. Sie kannte Ricarda gut genug, um ihr die vorübergehende Abwechslung mit einer jungen, unbedarften Frau zu gönnen – und sie kannte den Zeitpunkt, an dem auch die Abwechslung alltäglich und weniger aufregend wird. In diesem Moment erinnerte sie Ricarda an ihre Verantwortung für den gemeinsamen Lebensunterhalt und die gemeinsame Alltagsorganisation, begann sanft darauf hinzuweisen, dass sie – die Freundin – selbstverständlich auch andere Möglichkeiten der Lebensgestaltung ohne Ricarda finden würde und diese sich im Übrigen überlegen solle, ob eine Zwanzigjährige ihr wirklich das Heim und die gemeinsame Zukunft bieten könne, die Ricarda brauchte und mit ihr bereits hatte. Das war Ricardas wunder Punkt – sie brauchte die Sicherheit ihrer „Ehe", um ihre vermeintliche Freiheit auskosten zu können.

So begann sie sich allmählich von mir zu entfernen. Ich konnte zunächst nicht glauben, was ich doch spürte, wollte nicht wahrhaben, in welche Rolle ich mich hineinmanövriert hatte. Dann aber, als nicht mehr zu leugnen war, dass das Abenteuer vorbei war, zog ich mich vollständig zurück und mied auch all die anderen Frauen, die natürlich längst geahnt hatten, was da passierte und mich, die verlassene Kleine, allzu mitleidig anschauten. Ich mied die Kneipen und Veranstaltungen, weil ich niemanden treffen wollte, der mich an sie erinnerte. Und fortan wurde jeder Gang in die Uni noch mühevoller als ohnehin schon, denn jederzeit konnte ich Ricarda dort begegnen. Dem wich ich aus, arbeitete, wenn überhaupt, nur noch zu Hause und erschien zu Prüfungen, die ich irgendwie bestand, ohne dass ich mich an sie erinnern könnte.

Es blieb nun tatsächlich nur noch eine Rettung aus diesem verstellten, verwirrenden oder zerbröckelnden Lebensraum, der mich in Berlin umgab: Israel. Ich würde in das Land zurückkehren, das mich ja verzaubert hatte. Ich würde am besten ganz dort bleiben, aus dem Berliner Chaos fliehen und in Israel ein neuer Mensch werden. Das Land war für Unzählige zur Rettung geworden – das könnte doch auch für mich gelten? War nicht das überhaupt der Weg, von dem ich nur kurzfristig durch Ricarda abgelenkt worden war: Sich diesem so fremden Gott, wer immer Er war, hinhalten und Jüdin unter Juden werden?

Noch während meiner Schulzeit hatte ich eine deutsch-israelische Familie kennengelernt, die im Berliner Wedding lebte. Lea N. gehörte zu einer der ganz wenigen deutsch-jüdischen Familien, die schon in den fünfziger Jahren wieder nach Deutschland zurückgekehrt waren. Lea war als deutsche Jüdin nach dem Krieg in Berlin geboren worden. Joav N. war jüdischer Israeli, der in Deutschland bessere Arbeitsmöglichkeiten gefunden hatte. Gemeinsam hatten sie eine kleine Tochter, mit der sie öfter in die Kinderarztpraxis kamen, in der meine Mutter damals noch arbeitete. So hatten sie sich kennengelernt, und meine Mutter hat mich ihnen vorgestellt.

Gerne lud mich Familie N. zu sich nach Hause ein. Sie waren eine sehr einfache Familie. Weder sehr religiös noch politisch interessiert, beschäftigten sie sich kaum mit ihrer Situation als Juden in Deutschland und konnten mir auf meine vielen Fragen nicht recht antworten. Aber Joav gab mir die Adresse seiner in Jerusalem lebenden vielköpfigen Familie, bei der ich gerne wohnen könnte, wenn ich mal dorthin käme.

Diese Adresse hatte ich stets auf meinem Schreibtisch liegen, und nun endlich war es soweit – ich würde wieder nach Israel fliegen, ich würde Familie N. besuchen. Meine Eltern bezahlten mir den Flug, im Land selbst, das wusste ich, brauchte ich nicht sehr viel Geld, und das Wenige hatte ich vorher gespart.

Es war Ende Juli 1984, als ich auf dem damals noch recht kleinen und unübersichtlichen Flughafen in Tel Aviv ankam. Die vorher vereinbarten Kennzeichen und die Beschreibungen ließen mich den jungen Mann finden, der mich dort abholen und zur Familie N. nach Jerusalem bringen sollte. Ich musste mich nicht entschließen, sofort wieder von allem begeistert zu sein, ich war es einfach. Von den Palmen vor dem Flughafen, von den staubigen Straßen, von diesem Mann, Perez, der so wunderbare Augen hatte, der weder Deutsch, Englisch noch Französisch verstand und mir während der Fahrt die ersten hebräischen Worte beibrachte. Ich war begeistert von dem kleinen Häuschen, in dem die Familie lebte – eher eine große Hütte am Altstadtrand von Jerusalem, die außer über zwei Zimmer, ein paar winzige Schlafkammern und einer Außentoilette nur über eine große Terrasse verfügte, auf der sich das gesamte Familienleben abspielte. Ich schmolz augenblicklich dahin unter dem Blick der großen schwarzen Augen von Mutter Sara, die alle Vorstellungen von einer „jiddischen Mame" mit den Bildern einer orientalischen

Urmutter verband: rund, laut, herrisch gegen ihren kleinen, schmächtigen Mann, aber von erschütternd herzzerreißender Liebe zu ihren Söhnen und Enkeln. Zur Familie gehörte außerdem die ältere Tochter Yehudith, eine erwachsene, schöne und sehr selbstbewusste Frau. Sie hatte es erwartungsgemäß schwerer mit ihrer Mutter, zumal sie sich aus ihrer traditionellen orientalischen Kultur weitgehend verabschiedet hatte und im Stil den modernen, nach Europa und Amerika orientierten Israelis entsprach – sie lebte in Tel Aviv und hatte zwei schulpflichtige Söhne; der Vater tauchte nicht auf, sie war offenbar geschieden. Es gehörten dazu schließlich die jüngere Tochter Chana, auch sie dem Alter nach schon erwachsen, aber geistig behindert, und vier Söhne.

In dieser Familie spiegelten sich einige der großen Linien jüdischer Geschichte wider. Saras Familie war einige Jahrzehnte zuvor aus Marokko eingewandert, und so war der Haushalt von den Lebensvorstellungen einer einfachen Marokkanerin geprägt. Ihr Mann Jacov war gebürtiger Pole, er war als Junge den Nazis entkommen und nach Israel gebracht worden. Er sprach nicht über seine Geschichte, war ganz still und in sich gekehrt und wirkte in dieser quirlig lauten Familie wie ein Fremder. Zu mir war er freundlich, ein tieferer Kontakt ergab sich aber nie. Sara und Jacovs Söhne waren Shlomo, selbst schon verheiratet, Perez, der mich abgeholt hatte, Joav, der in Berlin lebte, und der jüngste Sohn Amnon, der, obschon ebenfalls erwachsen, ebenso wie Perez noch zu Hause bei den Eltern lebte.

Der Kreis der Familie erweiterte sich – unübersichtlich für mich – durch Tanten, Onkel, Cousins und Cousinen, ganz abgesehen von Freunden und Freundinnen, die allesamt kamen und gingen, kürzer oder länger blieben, selbstverständlich von Sara bewirtet und, wenn es gewünscht war, auch mit einem Schlafplatz versehen wurden. Das Haus und die Terrasse glichen zuweilen einem Camp, dann wieder einer Karawanserei aus Tausendundeiner Nacht. Es spielte wirklich keine Rolle, dass ich nun auch da war, und da ich vom weit entfernten und schmerzlich vermissten Sohn geschickt worden war, wurde ich ohne Umstände mit größter Herzlichkeit aufgenommen. Chana rückte in ihrer Kammer beiseite, froh über die neue Gesellschaft, und wir teilten uns ein Bett – das war üblich in den eingeschränkten räumlichen Verhältnissen. Mutter Sara fütterte mich den ganzen Tag mit ihren jüdisch-orientalischen Köstlichkeiten, und ich sollte am besten nichts tun als zufrieden sein und vielleicht ein bisschen Hebräisch lernen, denn außer der europäisierten Tochter Yehudith sprach niemand in der Familie auch nur minimal englisch. So wurde ich gerade am Anfang häufig zu den beiden schulpflichtigen Enkeln gesetzt, um gemeinsam mit ihnen Hebräisch in Wort und Schrift zu lernen. Das hat zumindest den beiden Jungs viel Spaß gemacht, und ich lernte sehr schnell die Grundlagen des Hebräischen und konnte dadurch zumindest die alltäglichen Begegnungen ganz gut bewältigen. Im Laufe der Zeit wurden meine Sprachkenntnisse, wenn auch wahrscheinlich bar jeglicher korrekter Grammatik, immerhin so gut, dass ich mich neben der Alltagskommunikation in einfachen Sätzen auch über politische und religiöse Fragen verständigen konnte.

Das kleine Haus von Sara und Jakov, nicht weit vor den Toren der Altstadt, wurde das „Haus meiner Familie". Ich konnte das Glück dieser selbstverständlich-herzlichen Aufnahme kaum fassen. Natürlich wusste ich von den Geboten der orientalischen Gastfreundschaft, die grundsätzlich umfassend und herzlich ist. Aber was ich erfuhr, ging doch darüber hinaus, jedenfalls vonseiten der Hausmutter, der Frauen und Kinder und auch von Perez, dem ältesten Sohn. Mag sein, dass es wirklich daran lag, dass ich von Joav geschickt worden war und damit, ohne es zu wissen, eine „familiäre Eintrittskarte" hatte. Ich hatte wirklich das Gefühl, hier bleiben zu können.

Von „unserem Haus" aus begann ich nun, das Land gründlich zu erkunden und unternahm allein tagelange Reisen. Das war damals mittels eines ausgedehnten und sehr billigen Busnetzes ohne Weiteres möglich. Ich wollte alles sehen, hören und lernen in diesem Land und von diesem Volk. Ich reiste von Eilat nach Tel Dan, von Tel Aviv nach Jericho, durch die Wüste und über Autobahnen. Da es nahezu überall Klöster und kleine Kirchen gibt, war es nicht schwierig, als allein reisende Frau abends einen Schlafplatz zu finden, wo immer ich gerade bleiben wollte – ich wurde niemals abgewiesen. Zu Palästinensern hatte ich ausgesprochen wenig Kontakt. Das lag sicher an meinem ausdrücklichen Interesse für das Judentum, aber auch daran, dass viele Palästinenser einer allein reisenden Frau vor allem anzüglich begegneten. Daher vermied ich Orte, in denen eine überwiegend palästinensische Bevölkerung lebte. In „meiner Familie" wurde der Kontakt zu Palästinensern nicht gesucht – die Stimmung war gespannt, sobald dieses Thema aufkam und es wurde jedenfalls in meiner Gegenwart nie weiter erörtert.

Auf meinen Rundreisen erfuhr ich auch von der ungeahnten Vielfalt der christlichen Konfessionen und Denominationen und begann erstmals der intensiven inneren Beziehung zwischen Judentum und Christentum nach-

zulauschen, die es trotz und inmitten von jahrtausende-
langer Vernichtung und Enteignung der Juden durch
Christen immer gegeben hat. Beide beriefen sich ja trotz
allem noch immer auf denselben Gott, sprachen zum Teil
dieselben Worte, und dieser Jesus, der hier so allgegen-
wärtig war, war ja als Jude durch dieses Land gezogen
und hat als leidenschaftlich liebender Jude mit seinem
Volk und seinem Gott gerungen. All dies erfuhr ich auf
meinen Reisen: durch die Begegnung mit den Menschen,
mit Räumen, den offenkundig und den verborgen heiligen Orten, in Gesten und Gesichtern der Menschen und
manchmal einfach nur, wenn ich abends einen schönen
Platz fand und dieser atmenden Stille lauschte, die der
Nacht vorangeht. Manchmal hatte ich das Gefühl, etwas
zu spüren, das ich ganz leise versuchte „Gott" zu nennen – und fühlte mich dabei scheu und glücklich.

Nach einigen Tagen unterwegs kehrte ich dann immer wieder zu Sara zurück, die mich glücklich in die Arme schloss
und mir dabei heftigste Vorwürfe machte. Denn sie fand es
nicht nur gefährlich, als Frau allein unterwegs zu sein (womit sie nicht unrecht hatte), es gehörte sich ihrer Meinung
nach auch einfach nicht. So sehr sie mich zunehmend in ihr
orientalisch mütterliches Herz schloss, so sehr missfiel ihr
meine mitteleuropäische Freiheit. Natürlich wusste ich,
dass sich Frauen in südlichen Ländern anders anziehen
müssen als in Berlin, und habe das nie missachtet. Nie
ging ich mit unbekleideten Schultern oder kurzen Röcken
oder Hosen aus dem Haus, immer waren auf jeden Fall die
Knie bedeckt. Im Rucksack hatte ich stets ein großes Tuch
dabei, das ich bei jedem Eintritt in eine Kirche umlegte, sodass auch die Arme bedeckt waren.

„Meine" Familie war mäßig religiös. Man ging selbstverständlich am Shabbat in die Synagoge (in eine orthodoxe, das heißt, wir Frauen saßen auf der Empore), und der *Erew Shabbat* war jede Woche ein Familienfest – und ein unglaublicher Arbeitsaufwand für Sara, denn außer Chana und mir half nie jemand bei der Vorbereitung der Speisen – und es waren Berge, die allwöchentlich zubereitet wurden, weil ja „kol ha familia", die ganze Familie, kam. Auch das Putzen des Hauses war allein Frauensache. Yehudith kam manchmal aus Tel Aviv dazu, wischte ein bisschen auf dem Tischtuch herum, trank Tee, rauchte eine Zigarette nach der anderen und schimpfte laut über die patriarchalen Zustände in ihrer Familie – womit sie zwar recht hatte, die Mutter aber wenig entlastete. Es war eine typische Situation in einer israelischen Familie: Tradition und Moderne prallen aufeinander und immer hängt ausgesprochen oder unausgesprochen die grundlegende Existenzfrage daran. Welche Lebensform ermöglicht unser Überleben, umgeben von Völkern, die uns lieber nicht in ihrer Mitte hätten, traumatisiert durch eine Geschichte, die kein anderes Volk dieser Welt ermessen kann?

Auch das ist es, was das Leben in Israel so intensiv macht: Es geschieht nichts beiläufig, alles wird sehr ernst genommen – und deshalb wird über so viele ernste Dinge einfach gelacht, weil man sonst gar nicht mehr lachen könnte. Ich lernte unendlich viel von dieser Haltung, das Leben lachend zu leben – trotz allem.

Nach einigen Wochen reiste ich krank vor Abschiedsschmerz wieder nach Berlin, aber nur, um die Tage zu zählen, bis ich das nächste Flugzeug nach Tel Aviv besteigen konnte. Ich war im Frühling dort und im Herbst, im Sommer sowieso und im Winter mindestens in Gedanken.

Irgendwann während meiner Aufenthalte in Jerusalem nahm ich lächelnd zur Kenntnis, dass Sara begann, ihren ältesten und noch unverheirateten Sohn Perez darauf hinzuweisen, dass eine junge, ebenfalls unverheiratete Frau im Haus sei und sich offenbar wohlfühle. Dann wurde ich von ihr in ein ernstes Gespräch gezogen: Sie fragte mich, was ich eigentlich werden wolle und ob ich mir denn wirklich vorstellen könne, in Israel zu bleiben. Und schließlich kam die allerwichtigste Frage: Ob ich denn wirklich Jüdin werden würde, wenn ich im Land bliebe und ob ich, falls ich Kinder bekäme, diese denn auch jüdisch erziehen würde. Ich bejahte alle Fragen ebenso ernsthaft und meinte es von ganzem Herzen, wunderte mich allenfalls, dass sie das überhaupt noch fragen musste.

Offenbar gab sie daraufhin ihrem Erstgeborenen ein Zeichen. Jedenfalls nahm mich Perez seit diesem Gespräch öfter mit zu abendlichen Ausflügen und fuhr mich nachts in die Wüste, damit ich den überwältigenden Sternenhimmel betrachten konnte. Wir fuhren nachts ans Meer, um den Silbermond in den Wellen zu sehen und schliefen wie unschuldige Kinder am Strand, bis mich morgens die Sonne und der Duft des von ihm herbeigetragenen Kaffees weckten. Perez zeigte mir Plätze in Jerusalem, die ich bis dahin nicht kannte, und fuhr mit mir zum See Genezareth und auf den Golan, um mir einen Blick über meine zukünftige Heimat zu schenken. Er lehrte mich hebräische Worte, die nicht mehr zum Anfänger-Vokabular gehörten und benahm sich offensichtlich liebevoll und zugewandt, trat mir aber nie zu nahe – und das schätzte ich besonders an ihm. Ich lernte, ihn wirklich aufrichtig zu mögen und dachte, dass ich ihm vielleicht tatsächlich eine gute Frau werden könnte – vielleicht würde ich mich ja an die sogenannten ehelichen Pflichten gewöhnen können. Und verliebt war ich ja ohnehin bis über beide Ohren – in das Land und seine Familie, vielleicht auch schon in diesen mir noch so unbekannten Gott. Da konnte ich ja auch in diesen behutsamen Mann verliebt sein, das machte keinen Unterschied. Er war ein Element in diesem großen Glück, das mir zu widerfahren schien.

Israel wurde meine Zukunft und mein Leben. Meine Berliner Ängste und Verzweiflungen waren völlig vergessen, und aus dieser Perspektive betrachtete ich sogar das Studium gelassen. Schließlich hatte ich nun ein Ziel und eine Idee für mein Leben, ich hatte eine Ahnung davon, dass alles, sogar mein Leben, einen Sinn und einen Raum haben könnte, in dem ich mit meinem kleinen „Ich" geborgen sein könnte. Es deutete doch alles darauf hin, dass ich dort in Israel eine Familie, eine Liebe und einen Gott finden würde, der mich meint und mich aufnimmt – und den ein Leben lang kennenzulernen sich, nach allem was ich bisher von Ihm gehört hatte, ganz offenbar lohnte. Von da an schreckte mich auch das Studium nicht mehr, weil es wirklich nur noch Mittel zum Zweck sein sollte: Ich würde es einfach in Ruhe, aber doch zügig beenden und dann in Israel als Lehrerin arbeiten – und als jüdische Frau leben.

IV.

Der Sturz ins Leere

So hatte ich mir das gedacht, vor allem gewünscht. Und alles sah danach aus, dass es so werden würde und dass es gut werden würde.

Bei meiner dritten Reise nach Israel zeigte sich jedoch, dass das ein Irrtum war.

Eines Abends wartete ich, wie so oft, auf Perez, als er anrief und die Verabredung absagen musste, weil er aufgehalten worden war. Sein jüngerer Bruder Amnon saß auf der Terrasse und bedauerte scherzhaft, dass ich nun den ganzen langen Abend ohne Begleitung zubringen müsste – es sei denn, ich würde ihm erlauben, seinen Bruder zu vertreten und mir den Abend zu versüßen? Ich mochte Amnon gern, der ein verrückter, lieber Mensch zu sein schien. Er war anders als seine Brüder, lauter, größer, er war athletisch gebaut, hatte dichte schwarze Locken und ein bezauberndes Jungenlächeln. Abgesehen von Chana, die durch ihre Behinderung oft im Mittelpunkt stand, war Amnon eindeutig Saras Liebling. Also gut! Ich willigte ein, und Amnon nahm mich zu einem Spaziergang mit.

Wie selbstverständlich führte er mich zu einem nahe gelegenen kleinen Park, wir plauderten so gut es ging mit meinen gebrochenen Sprachkenntnissen. Dann legte er den Arm um mich, öffnete ohne weitere Erklärung seine Hose und blickte mich fordernd an. Ich starrte ihn an, verwirrt und wie versteinert. Wie kam er dazu? Hatte ich irgendetwas gesagt oder getan, was ihm das Recht gab, das zu wollen? Und sich so fordernd zu verhalten – nicht zu erbitten oder zu fragen, sondern mit einer unglaublichen Arroganz – einfach zu wollen? Ich schämte mich sofort abgrundtief. Heute weiß ich nicht, warum, und kann es nicht nachvollziehen. Es war ein absurdes Gedankenkonstrukt, das plötzlich in meinem Kopf erstand und das mich aus der Ungeheuerlichkeit seiner Forderung schließen ließ, dass ich irgendwie „schuld" sein musste. Dass ich etwas getan haben musste, was ihn zu diesem Verhalten einlud. Denn die andere Möglichkeit, dass dieser Mensch einfach unverschämt war, konnte und wollte ich in meiner Hingabe an seine Familie einfach nicht zulassen. Um mein Bild von der heilen Familie, die ich in ihnen allen hatte, nicht zu trüben, um meine Hoffnung, dass ein glückliches Leben möglich ist, nicht zu enttäuschen, gab ich mir lieber selbst die Schuld. In vollständiger Verwirrung und in der verzweifelten Annahme, sofort aus einem bösen Traum zu erwachen, tat ich, was er wollte. Anschließend gingen wir schweigend nach Hause, er nickte mir kurz zu und ging in sein Bett. Ich verschwand auf der Toilette und versuchte loszuwerden, was mich nur entsetzte.

Am nächsten Tag glaubte ich irgendwie, mir alles nur eingebildet zu haben. Amnon benahm sich völlig normal, begrüßte mich fröhlich und ging heiter und unbeschwert seiner Wege. Perez erkundigte sich, ob ich den Abend schön verbracht hätte – mir wurde übel bei der Erinnerung an die Szene im Park – und auch, weil ich nicht wusste, was Amnon ihm erzählt hatte. Zu dem widersinnigen Schuldgefühl vom Abend zuvor kam nun noch der nagende Gedanke, Perez hintergangen zu haben. Scham, nur Scham, während Amnon ein kleines Liedchen pfiff.

Im Laufe des Tages beruhigte ich mich etwas. Was war schon gewesen? So gut wie nichts, und vielleicht war ja auch wirklich nichts geschehen, vielleicht hatte ich alles nur geträumt. So zwang ich mich zu denken und versuchte, den anhaltenden Würgereiz zu unterdrücken.

Ein paar Tage lang war alles wie davor, ich war nun sicher, dass ich mir alles nur eingebildet hatte. Dann, wieder in der Dämmerung, Perez war noch nicht da, schaute Amnon mich an und sagte, dass er mit mir spazieren gehen wolle. Wenn ich nicht mitgehen wolle, könnten wir ja gemeinsam auf Perez warten und ihm erzählen, wie wir die Abende seiner Abwesenheit verbrachten. Damit hatte er mich. Als ich die Augen niederschlug, stand er auf, winkte mir – und ich versteinerte innerlich und ging mit wie eine Marionette. Wenn ich nicht mitginge, würde er mich verraten, da war ich sicher. Er hatte mich in der Hand. Diesmal redeten wir gar nichts mehr. Ich tat, was er wollte, wir gingen zurück, und weil es noch nicht allzu spät war, ging er noch einmal aus. Schließlich wiederholte sich dieser abendliche Gang mehrmals in der Woche.

Ich begreife bis heute nicht wirklich, warum ich mich nicht gewehrt habe. Warum ich gelähmt war, versteinert.

Ich hätte Amnon ins Gesicht springen müssen, mich laut wehren müssen, ich hätte Sara um Hilfe anrufen oder diese Familie so schnell wie möglich verlassen müssen. Irgendetwas in mir, das alle diese Reaktionen hätte auslösen können, war vollständig ausgeschaltet. Aus Entsetzen, aus Scham, vor allem aus Angst, dass Sara mich wegschicken würde, sobald sie davon erführe. Ich war sprachlos und konnte einfach nicht begreifen, dass und wie so etwas überhaupt möglich war. Amnons Verhalten war so arrogant, gewalttätig und verachtend, dass es einfach kein Reaktionsmuster gab, das mir zur Verfügung gestanden hätte. Ich benahm mich buchstäblich wie ein willenloses Schaf und begann, seine Verachtung für mich selbst zu teilen.

Ich hatte nur noch Angst vor den Abenden, wenn er kam. Bald auch vor den Tagen, weil sie den Abenden vorangingen, und vor den Nächten, die den Abenden folgten. Ständig hatte ich das Gefühl, er stünde hinter mir oder tauche vor mir auf, dauernd spürte ich seinen schon nicht mehr fordernden, sondern fast gelangweilten Blick auf mir ruhen.

Und dabei glaubte ich immer noch, dass alles wie ein Spuk oder ein böser Traum zu Ende gehen würde. Doch immer wieder wiederholte sich die Szene im Park, und immer noch wollte und konnte ich nicht glauben, dass diese Insel Israel, auf die ich mich gerettet hatte, ein auswegloser Irrtum sein sollte. Lieber teilte ich mich in zwei Hälften und gab die eine Amnon preis, um wenigstens mit der anderen an der Illusion festhalten zu können, dass dies doch noch mein ganz persönliches „gelobtes Land" sein könnte. Und je weniger ich den anderen verriet, was sich unter ihren Augen abspielte, desto sicherer konnte ich sein, dass eigentlich doch alles so blieb, wie es war. Was waren schon die paar Stunden. Spätestens wenn ich das nächste Mal aus Berlin wiederkäme, wäre sicher alles vorbei. Perez und ich würden vielleicht wegziehen und ich müsste Amnon vielleicht nie wiedersehen. Es durfte nicht sein, dass mein Israel und alles was ich damit verband für mich kaputtging – nicht durch diesen einen Menschen.

Bald verließ ich nur noch selten das Haus, was auch absurd war, denn Amnon wohnte ja ebenfalls dort. Aber ich traute mich nicht mehr in die Stadt, weil jeder Mann mit dunklen Locken mich erschreckte – und davon gibt es viele in Israel.

Ob die anderen Familienmitglieder etwas merkten, weiß ich nicht. Manchmal sahen sie natürlich, dass wir zusammen weggingen, aber es war ja völlig in Ordnung, einen kleinen Abendspaziergang zu machen mit dem zukünftigen „Schwager". Nur einmal schaute Sara mich sehr durchdringend und fragend an, als Amnon und ich gerade ins Haus schlichen. Ich schaute weg. Immer größer wurde der Raum mit den Gedanken, die ich nicht mehr denken wollte. Ich wollte nicht darüber nachdenken, was Amnon für ein Mensch war, auch nicht darüber, was Perez wusste und was Sara dachte. Schon gar nicht wollte ich darüber nachdenken, was das eigentlich alles sollte und was ich da eigentlich tat und wohin das führen sollte. Der Raum in meinem Kopf, in dem ich meine Gedanken frei laufen lassen konnte, wurde immer kleiner. So hielt ich meine Gedanken mehr und mehr still, um nur ja nirgends anzustoßen an diesen furchtbaren Fragen.

Eines Morgens dann, es war ein strahlend heller, wunderbarer Tag, bat mich Sara, mit Chana in die Altstadt zum Einkaufen zu gehen. Als wir gerade ein paar Schritte gegangen waren, stolperte Chana, knickte um und klagte über den schmerzenden Knöchel. So brachte ich sie zurück nach Hause und ging wieder los. Allein.

Von unserem Haus zur Altstadt gab es eine sichere, aber von Autolärm und Abgasen vernebelte Straße bis zum Jaffa-Tor. Ein anderer, etwas kürzerer Weg führte durch das Hinnomtal bis zur Altstadtmauer und dort entlang ebenfalls zum Jaffa-Tor. Heute befindet sich im Hinnomtal eine kleine Parkanlage, die Wege sind breit und befahrbar, es stehen Tische und Stühle dort und viele Menschen nutzen diese Oase innerhalb der Stadt.

In den frühen achtziger Jahren war es dort noch sehr einsam. Die Wege waren sandig, bestenfalls hier und da mit Kies aufgefüllt und von selten hindurchfahrenden Autos gespurt. Gelegentlich zog ein Hirte mit einer Herde Ziegen durch einen Olivenhain. Es war ein sehr schönes Tal, jedenfalls in dem vorderen Teil, an dessen Anhöhe wir lebten.

Sara und Chana hatten mich vor dem Weg durch das Tal gewarnt. Sie hatten große Angst vor den Arabern, die weiter hinten in dem Tal in einer armen Siedlung wohnten. Ich fand diese Angst immer ein bisschen übertrieben und führte sie auf den ständigen Konflikt zwischen Israelis und Palästinensern zurück. Da ich aber weder das eine noch das andere war, wähnte ich mich sicher. So sicher wie nur eine noch immer sehr unerfahrene Frau sich fühlen kann – oder wie eine, die aus einer großen Gefahr keinen anderen Ausweg sieht als die Flucht in eine noch größere. Was mich letztlich dazu trieb, genau diesen Weg an jenem Morgen zu wählen, kann ich nicht mehr entscheiden – vermutlich beides, und beides unbewusst.

Ich ging los, und für einen Augenblick ging es mir gut, sehr gut. Für einen Augenblick atmete ich auf, fühlte mich frei von diesem grausamen „Spiel", das da in der Familie gespielt wurde, spürte den leichten Wind auf der Haut und die noch sanfte Morgensonne im Gesicht, genoss die lebendige Stille und diesen unvergleichlichen Duft aus Rosmarin, Sonne, Staub, Tieren und altem glühenden Stein. Für einen Augenblick fand ich mich sogar schön mit meinem langen lindgrünen Kleid und den in der Sonne hellblond glänzenden Haaren. Ich glaube, für einen Moment war ich tatsächlich glücklich und schön.

Und dann sah ich ihn sitzen, unten im Tal, kaum fünfzig Meter von mir entfernt, den Rücken mir zugekehrt.

Außer ihm war weit und breit niemand zu sehen. Ich registrierte sofort, dass ich keine Chance haben würde, falls er mich stellen würde. Dennoch hegte ich die völlig unsinnige Hoffnung, dass nichts passieren würde, dass er mich einfach vorbeigehen lassen würde. Und gleichzeitig wusste ich mit der Instinktsicherheit des unterlegenen Tieres, dass es nun vorbei war. Und ich ging weiter, der Weg führte direkt an dem Stein vorbei, auf dem er saß. Ein junger Araber.

Als ich an ihm vorbeigegangen war, hörte ich, dass er hinter mir herkam. Ich drehte mich um. Es hatte keinen Zweck zu schreien, niemand war weit und breit zu sehen. Er kam mit großen Schritten auf mich zu, griff nach mir, und ich wehrte mich nicht. Verließ meinen Leib, verschwand aus meinem Kopf, war einfach nicht mehr da. Und spürte fast nichts.

Das nächste, was ich wie aus weiter Ferne wahrnahm, waren Autoräder, die dicht neben meinem Kopf hielten. Eine gelbe Autotür, die sich öffnete. Eine Frau stieg aus, versuchte mich aufzurichten und sagte etwas, was ich nicht verstand. Eine andere stand hinter ihr, redete auf sie ein. Sie setzten mich in ihr Auto. Wie mit Augen, die nicht meine waren, sah ich einen Mann rennen und laut schreiend Steine auf einen anderen Mann werfen, der vor ihm weglief. Das alles aber ging mich nichts an, ich begriff weder, was geschah noch, was das alles mit mir zu tun hatte.

Dann stieg der Mann, der die Steine geworfen hatte und offenbar zu den Frauen gehörte, ins Auto, die Türen fielen zu. Sie begannen, auf mich einzureden, ich hörte ihre Worte an meinen Ohren abtropfen. Erst Hebräisch, dann Englisch. Sie wollten wissen, was passiert sei. Ich konnte nicht antworten. Erst als sie sagten, dass sie mich ins Krankenhaus bringen würden, tauchte ich kurz auf und flehte sie an, das nicht zu tun. Ich muss so erschrocken gewirkt haben, dass sie schließlich einwilligten, mich zurück zu unserem Haus zu bringen. Ich musste ihnen versichern, dass sich da jemand um mich kümmern würde. Ich hätte alles versprochen.

Das Haus war still, als ich kam. Sara war offenbar unterwegs, Chana lag vielleicht im Wohnzimmer. Ich schlich in die Dusche und in unsere Kammer, zog mich um, legte mich auf das Bett und blieb liegen.

Als Sara später kam, sagte ich, dass es mir nicht gut ginge, sie brachte mir ihren „Thé im Nana", Tee mit frischer Minze. Ich sei hingefallen, sagte ich, als sie mich kritisch musterte.

Ich blieb bei der Behauptung, dass es mir einfach nicht gut ginge, vielleicht zu viel Sonne, vielleicht ein Virus. Ich bekam Tee, besorgte Blicke, ließ meine Augen geschlossen. Sie hatten ohnehin genug gesehen in diesem Leben.

Am nächsten Tag stand ich auf, nahm lächelnd am Familienleben teil, reagierte automatisch. Niemand schien zu merken, dass ich selbst verschwunden war. Dass Außen und Innen nichts miteinander zu tun hatten. Seltsamerweise ließ Amnon mich in Ruhe. Und bald kam der Tag meiner Abreise nach Berlin.

Es dauerte viele Jahre, bevor ich wieder nach Israel flog. Von Perez habe ich mich nicht verabschiedet.

V.
Sterben, um zu leben

Sprachlos und heimatlos, auch namenlos. So kehrte ich
nach Berlin zurück. Ich hatte keine Worte, um irgendwie
zu benennen, was geschehen war, keinen Ort, an dem ich
sein wollte, und keinen Namen, um mich zu erkennen zu
geben. Vielleicht gab es hin und wieder eine Ahnung von
meinem „Ich". Aber diese Person war, wenn überhaupt,
nur für Augenblicke spürbar. Da wo eigentlich „ich" war,
waren nur noch Leere und Angst. Keine lebendige Angst,
keine heiße, bewegliche, fließende oder gar lodernde
Angst, sondern eine Angst aus Stein. Eine Angst wie ein
Block, ein Panzer, ein Geviert, das mich einschloss, das
Atmen eng machte und den Raum sehr klein. Die Angst
kam näher, sobald ich mir ihrer bewusst wurde, so gab es
nur die Möglichkeit, jede noch so leise Wahrnehmung
nach innen zu ziehen wie eine eingeholte Antenne.

Das alltägliche Leben zu organisieren, einzukaufen, zu
waschen, die Post zu holen – ich schaffte es nicht mehr.
Blieb einfach sitzen in meinem Zimmer und wartete darauf, dass die Zeit so leer wurde, dass auch ich darin verschwand. Meine Freundin Julia begriff, dass irgendetwas
völlig verkehrt war, und holte mich zu sich, obwohl sie
ihre kleine Wohnung immer noch mit ihrem Freund teilte.
Mir war es egal, ob ich bei ihr oder bei mir auf nichts wartete. In dem Zimmer, das sie mir freigeräumt hatte, war es
dunkel, es war feucht, aber es war auch sicher. Wir taten
wieder eine Weile so, als wäre alles normal. Julia fragte
ein oder zwei Mal, was passiert sei, bekam keine Antwort,
fragte nicht weiter.

Irgendwann war es zu eng in der kleinen Wohnung zu dritt.

Da ich mich gar nicht mehr an der Uni blicken ließ, spürte Ricarda mich bei Julia auf und erfuhr von unserer räumlichen Enge. Sie vermittelte mir eine Frauen-WG in der Nähe. Drei Frauen wohnten dort zusammen, alle waren wesentlich älter als ich, erwachsen, im Beruf stehend und finanziell unabhängig. Sie wohnten tatsächlich aus Freude aneinander und an der gemeinsamen Lebensform zusammen. Die Wohnung war groß, weit, hell, und lauter sehr erwachsene, intellektuelle und künstlerische Menschen gingen ein und aus. Und weil die drei Frauen Ricarda kannten, luden sie mich zu einem gemeinsamen Abend ein.

Ich fühlte mich unter ihnen völlig fehl am Platz, dumm, nichtssagend, auch wenn ich nach außen hin selbstverständlich versuchte, einen intelligenten Eindruck zu vermitteln. Mit irgendeiner Restfaser meines Lebenswillens muss ich begriffen haben, dass diese Frauen mir eine größere Sicherheit sein konnten als Julia, deren bedrängte Situation ich ohne Weiteres erkannte. Also benahm ich mich so, dass die Frauen mich aufnahmen, obwohl ich wesentlich jünger und finanziell weit weniger gut gestellt war als sie.

Auch dort verkroch ich mich meistens in mein Zimmer, das zum Hof hinausging und das dunkelste war. Wartete. Auf nichts.

Nach einigen Monaten ging ich eines Tages aus der Küche zurück in mein Zimmer, als Carola, eine der WG-Frauen, mich durchdringend ansah, als sähe sie eine Fremde. Sie starrte mich an und sagte leise: „Weißt du eigentlich, wie dünn du geworden bist?"

Für Augenblicke ließ dieser entsetzte und zugleich verwirrte Blick in mir so etwas wie ein Bewusstsein meiner selbst erwachen. Carola sieht mich an – sie sieht mich also. Angesehen werden! Wenn jemand mich ansieht, wenn jemand mich so ansieht, dann gibt es mich offenbar. Diesem ersten erlösenden Gedanken folgte sofort ein zweiter – und der wirkte verheerend. Er hieß: Carola sieht mich so an, weil ich dünn bin – also gibt es mich, weil ich dünn bin. So einfach ist das. Und darum muss ich dünn sein, um angesehen zu werden. Ich muss dünn sein, damit es mich gibt.

Bis zu diesem Augenblick hatte ich in keiner Weise über mein Gewicht oder mein Aussehen nachgedacht. Nun warf Carola mir etwas wie einen Anker in die Außenwelt zu, einfach indem sie mein Aussehen thematisierte und mich so in ihrer Welt wahrnahm. So dachte ich. Ich reflektierte das nicht bewusst. Die gedankliche Verknüpfung war plötzlich einfach da, und sie entwickelte eine ungeheure bindende Wirkung auf alles, was ich dachte – umso mehr, als es nichts anderes mehr gab, das mich irgendwie band. Keine konkrete Hoffnung, kein Ziel, kein Sinn, schon gar keine Beziehung, weder zu Gott noch zu irgendeinem Menschen.

Dünn sein also. Wenn ich dünn war, dann konnte ich vielleicht, vielleicht einen Halt in dieser Welt finden. Vielleicht war das die Rettung. Und so hörte ich an diesem Tag wirklich fast vollständig auf zu essen.

Es ist erstaunlich, wie wenig ein Organismus, der nicht besonders gefordert wird, zum Überleben braucht. Täglich eine Scheibe trockenes Brot, die eingeteilt wurde. Diese eine Scheibe Brot wurde mir zum Lebensinhalt, ein Forschungsprojekt, ein Wettkampf mit mir selbst. War es besser, von dieser Scheibe morgens mehr zu essen oder abends? Oder drei gleich große Stücke über den Tag verteilt? Und gelang es, die Brotscheiben immer kleiner zu bemessen, sodass es zwar immer noch eine Scheibe pro Tag war, aber die Menge trotzdem weniger wurde?

Plötzlich erwachte wieder so etwas wie sportlicher Ehrgeiz in mir, die Lust, etwas zu beweisen, ich spürte wieder eine gewisse Energie, die mich entfernt an das Leben erinnerte – und die allein dem Versuch gewidmet war, das Lebensnotwendige immer weiter zu reduzieren. Mit einem Mal gab es wieder den Schatten eines „Ich", das ein Ziel und eine Aufgabe hatte: nämlich herauszufinden, wie wenig ich zum Leben brauchte.

Das Essen beziehungsweise das Nicht-Essen und alle damit zusammenhängenden Fragen wurden meine fixe Idee, mein Studium, meine Religion, meine Identität, Grundlage jeder einzelnen Handlung und Entscheidung. Aufstehen und Schlafengehen, Verabredungen und Einkäufe, sogar die Wege innerhalb der Wohnung wurden von der Frage aus bewertet, ob sie mit meiner Brotscheibe zu vereinbaren waren oder nicht.

War es besser, früher aufzustehen oder länger zu schlafen (eine Frage, die sich bald erübrigte, denn ich schlief nur noch wenig und unregelmäßig)? Wann konnte ich das Brot in mein Zimmer holen, ohne gesehen zu werden (denn sonst wäre ich sicher gefragt worden, warum ich das Brot trocken aß)? Wann konnte ich die Wohnung verlassen, da ich doch herausgefunden hatte, dass ich mein Krümelchen zu einer bestimmten Zeit essen musste, um „langfristig" gesättigt zu sein? Wie lange brauchte ich dafür?

Seit damals weiß ich, dass es tatsächlich möglich ist, den ganzen Tag um den Verzehr einer kleinen Brotscheibe herum zu organisieren – und von dieser täglichen kleinen Brotscheibe ziemlich lange zu leben.

Wirklichen Hunger spürte ich schon lange nicht mehr, es war nur noch die Vorstellung, eine einzige Aufgabe zu haben – und ein immer stärker werdender Zwang, dieser letzten Aufgabe, die ich noch hatte, meine gesamte Aufmerksamkeit zu schenken.

Natürlich musste das alles ganz geheim bleiben. Irgendwie wusste ich ja doch, dass mein Verhalten völlig verrückt war – aber ich sah keine andere Möglichkeit zu leben und zu handeln, und was ich am allerwenigsten wollte war, mich irgendjemandem erklären zu müssen. Außerdem steigerte es den Erfolg, wenn ich nicht nur die Menge reduzierte, sondern auch noch mit nahezu kriminalistischem Scharfsinn die Aufmerksamkeit der anderen umging. Dachte ich jedenfalls. Immerhin spürte ich in dem Ganzen so etwas wie Leben. Immerhin.

Und tatsächlich fühlte ich mich immer besser: Lebendig, leicht, frei, unabhängig von allem, was mich an meinen Körper oder meine Seele erinnerte. Jeder, der schon einmal länger gefastet hat, weiß, dass die einsetzenden Hormonausschüttungen und Stoffwechselveränderungen den Nahrungsverzicht über längere Zeit hinweg wirklich lustvoll machen können. Nicht zufällig empfehlen alle Religionen immer wieder Fastenzeiten, um den Leib zu reinigen und den Geist frei werden zu lassen. Nichts anderes tat ich – mit dem Unterschied, dass ich kein wirkliches Ziel hatte, worauf mein solchermaßen befreiter Geist sich hätte richten können und dass ich außerdem nicht vorhatte, mit dem Fasten wieder aufzuhören.

Selbstverständlich gab es in der Wohngemeinschaft immer wieder Situationen, in denen gemeinsam gegessen wurde. Kein noch so beiläufiges Treffen, bei dem nicht wenigstens ein paar Kekse auf dem Tisch standen und man freundlich gebeten wurde, doch zuzugreifen. Nie vorher war mir aufgefallen, wie sehr das Ritual des gemeinsamen Essens auch in säkularen Gruppen erhalten geblieben ist – gemeinsames Essen, und sei es nur als Andeutung, gehört einfach immer und überall zu einer Gemeinschaft dazu.

Wenn ich nicht übermäßig auffallen wollte, musste ich mich also hin und wieder diesem Ritual beugen, etwas essen und anschließend Wege finden, es wieder loszuwerden. So lernte ich bald das „selbstinduzierte Erbrechen" und brachte es im Laufe der Jahre darin zu einer gewissen Meisterschaft.

Durch diese neu erworbene Fähigkeit konnte ich schließlich auch meine tägliche Brotration noch verringern, denn das Erbrechen wurde in kürzester Zeit zu einem Verhalten, das ich nicht mehr wirklich steuern konnte. Es verselbstständigte sich ebenso wie das Hungern selbst: Sobald ich irgendetwas im Mund hatte, das dann auch noch meine Kehle erreichte, musste es wieder hinaus.

Bald verbanden sich mit jedem Erbrechen andere Erinnerungen, denen ich eigentlich nie wieder hatte begegnen wollen. Immer wieder „war" ich mit Amnon im Park, immer wieder hatte ich etwas im Mund und im Magen, das nur widerlich war und das ich mit aller Kraft loswerden musste, und wenn es gelungen war, verschaffte es mir sogar für den Augenblick so etwas wie eine nachträgliche Erlösung. Jedes Erbrechen wurde zu einer Art zwanghafter Wiederholung und zugleich zu einer ersehnten Reinigung. Dabei konnte ich niemals rein genug werden, und wenn ich mein ganzes Leben über der Toilettenschüssel verbringen würde.

Meine Mitbewohnerin Carola beobachtete mich dabei, ohne dass ich mir dessen bewusst war. Als wir uns einmal im Flur begegneten, hielt sie mich mit ihrem Blick fest. Ich konnte nicht ausweichen. Sie fragte mit einer Mischung aus Aggression und Sorge: „Kann es sein, dass du magersüchtig bist?"

Ich war zu diesem Zeitpunkt ungefähr 23 Jahre alt und hatte das Wort bis dahin noch nie gehört. Es klang fremd und elegant. *Magersüchtig.* Ich hörte mehr „mager" als „süchtig" und konnte mich nicht erinnern, dass jemand mich schon einmal so bezeichnet hätte. Mager. Das klang edel, ein bisschen ätherisch, ein bisschen leidend, aber doch auch diszipliniert. Jedenfalls besser als „dünn" – dünn klang abschätzig und willenlos. „Mager" hingegen selbst gewählt und aufrecht. Mit „mager" ließ sich vielleicht neu leben. Dann war ich also mager. Ich lachte Carola an und sagte achselzuckend, das würde ich nicht glauben. Denn erstens wäre ich bestimmt nicht mager und zweitens ganz sicher nicht süchtig. Da wandte sie sich ab und sagte nichts mehr.

Nun hatte ich also zu meiner immer kleiner werdenden Brotscheibe auch noch einen theoretischen Hintergrund, den ich erforschen konnte – einen, der ganz neu und ohne jede Belastung von früher war. Ein neues Ideal, eine neue Philosophie vielleicht. Ich begann, alles über Essstörungen und speziell Magersucht zu lesen, was ich finden konnte, vergrub mich hungernd und frei in die unterschiedlichsten Theoriemodelle und Therapiekonzepte, lernte autodidaktisch eine Menge über Physiologie, Ernährung, Psychologie und Psychotherapie und war endlich wieder einmal beschäftigt.

Am lebenden Objekt konnte ich erforschen, ob das, was in den Büchern stand, der Realität entsprach, und beobachten, was geschieht, wenn ein Mensch „mager" ist und dabei auch noch „süchtig" wird. Ich fühlte mich frei – frei von der schweren Vergangenheit, frei aber auch von Hoffnung und Sehnsucht, frei von Menschen und jedem Gott. Nun brauchte ich niemanden mehr – am wenigsten einen Gott oder irgendeine schützende Kraft.

Denn dass dieser Gott, wenn es ihn denn überhaupt geben sollte, für mich nicht zuständig war, hatte er mir zu deutlich gezeigt.

Dann aber wurde meine selbst gewählte Isolation von außen durchbrochen. Irgendwann beschlossen meine Mitbewohnerinnen, mich mit ihrer Sorge zu konfrontieren. Sie stellten mir ein Ultimatum: Entweder ich würde endlich Hilfe in Anspruch nehmen oder sie könnten meinem Hungern nicht länger zusehen und ich müsste mir eine andere Wohnung suchen. Das war eine recht wirksame Drohung, denn eine solch massive Störung wie einen Umzug hätte ich in meinem Elfenbeinturm kaum ausgehalten. Abgesehen davon war ich ziemlich sicher, dass mir keine Therapie mehr etwas „anhaben" könnte – denn ich wusste ja, wie die funktionieren, ich hatte alles darüber gelesen und ich gedachte, mich dagegen zu wappnen.

So meldete ich mich relativ gleichgültig in einer Selbsthilfegruppe für Menschen mit Essstörungen an. In einem freundlich, aber nüchtern gestalteten Raum versammelten sich neun Frauen, die meisten jünger als ich, zwei oder drei in meinem Alter oder älter. Es war eine „Gemischte Gruppe für Dicke und Dünne", manche kannten sich, andere waren neu wie ich. Unter ihnen waren solche mit deutlichem Übergewicht, andere, die völlig normal aussahen, und schließlich eine, die ich interessant fand, weil sie nämlich bei Weitem dünner war als ich. Ich selbst fand mich nicht dünn – aber diese eine Frau kam meinem anvisierten Ideal von Körperlosigkeit schon sehr nahe.

Die Gruppe wurde von zwei Therapeutinnen geleitet. Ich kann mich an keine Einzelheiten erinnern, nur daran, dass ich das Ganze äußerst langweilig fand. Nicht eine Minute hatte ich vor, mich ernsthaft auf dieses Unternehmen einzulassen, und es schien so, dass es den anderen genauso ging. Es wurde ein bisschen gesprochen, wie es denn so geht, die beiden Leiterinnen wiesen darauf hin, dass Essstörungen durchaus gefährlich sein können und dass wir doch besser damit aufhören sollten. Vor Augen sind mir nur noch zugezogene helle Vorhänge, durch die ein zart orangefarbenes Abendlicht fiel. In dieses Abendlicht ließ ich mich hineingleiten, bis das Treffen vorbei war. Nur eine Person fesselte meine Aufmerksamkeit, die wirklich Magere: Nele. Sie war so dünn, dass ich mich neben ihr fett und hässlich fühlte und mich, als sie mich beim zweiten Treffen begrüßte, von ihrem durchsichtigen Lächeln beschenkt fühlte. Bald setzten wir uns nebeneinander und kommentierten die braven Vorhaltungen der Leiterinnen mit leisem, beißendem Spott.

In dieser Runde trafen wir uns vielleicht drei oder vier Mal und dann eröffneten uns die Therapeutinnen, dass sie die Gruppe jetzt verlassen würden, denn schließlich sei es ja eine Selbsthilfegruppe.

Ich war, obwohl ich die beiden wirklich als hilflos und unwissend erlebte, dennoch erschrocken. Ich hatte tief innen wohl doch noch gehofft, dass sie mich irgendwie auch gegen meinen Willen packen und aus meinem Gefängnis aus Hunger und Angst befreien würden. Das taten sie nicht, im Gegenteil. Sie nahmen den Schlüssel mit, und ich hatte das Gefühl, dass damit meine letzte Chance vertan war.

So trafen wir uns in der Gruppe noch ein oder zwei Mal, teilten uns aber jedes Mal sofort in Untergruppen auf: Die Übergewichtigen blieben für sich, die anderen auch, und ich traf mich bald nur noch mit Nele. Ich wusste weder ihren vollen Namen noch wo sie wohnte, auch nicht, was sie getan hatte bevor sie hungerte, und ich habe auch nie danach gefragt. Wir sprachen kaum über unser früheres Leben oder was uns vielleicht sonst noch beschäftigte. Wozu auch?

Stattdessen blieben wir in der Rolle der Beobachterinnen, die mit dieser Welt eigentlich nichts mehr zu tun hatten. Täglich trafen wir uns in einer der besseren Kneipen Berlins, schauten den anderen Leuten zu und schätzten ab, wie sehr sie sich mit ihrem Leben abquälten. Nele nippte stundenlang an einem Glas Wasser, ich tat es ihr nach und verabschiedete mich bald von letzten Anhänglichkeiten an überflüssige Sinnesreize – etwa der durchaus geschätzten Weinschorle, weil Wein ja auch Kalorien hat. Nele verriet mir Tricks, wie ich bei Veranstaltungen mit gemeinsamem Essen das Essen unbemerkt vermeiden könne, und tröstete mich wegen meiner noch immer viel zu vielen Kilos. Auch sie wäre früher so dick gewesen, jetzt wäre es schon ein bisschen erträglicher. Damals wog ich 42 Kilogramm bei einer Größe von 1,60 Meter, sie war ein bisschen größer als ich und wog 37 Kilogramm (so eine Angabe wäre mir in diesen Zeiten übrigens nie unterlaufen – bei der Gewichtsangabe gehörte mindestens eine Stelle hinter dem Komma dazu, inklusive der Tendenz in den letzten drei Stunden). 37 Kilo – das war doch ein lohnendes Etappenziel, obwohl das Abnehmen immer schwieriger wurde.

Eines Tages kam Nele mit einer Magensonde zu unserem Treffen. Sie war auf der Straße zusammengebrochen und dann von ihrem Arzt gezwungen worden, sich so ein

Ding in die Nase stecken zu lassen. Damit musste sie jetzt jeden Abend ins Krankenhaus, wo sie über Nacht mit einer hochkalorischen Flüssigkeit, versetzt mit allen möglichen Vitaminen und Mineralien, ernährt wurde. Sie bebte vor Zorn, wagte es aber nicht, die Sonde einfach herauszuziehen und eben nicht jeden Abend ins Krankenhaus zu gehen.

Das war typisch. Wir wollten zwar körperlich verschwinden – aber nicht sterben. Dass das in dieser Welt außerhalb jeder Möglichkeit lag, dass wir nämlich nur mit unseren so sehr abgelehnten Körpern existieren konnten, verdrängten wir erfolgreich.

Der Realität waren wir weit entrückt und in einem völlig verschobenen Selbstbild ziemlich selbstverliebt. Diese Verliebtheit bezog sich ausschließlich auf unsere geistige Existenz, jede Faser unseres Körpers erschien uns dagegen nur befremdlich, wie nicht zu uns gehörend. Und es gab nichts und niemanden, der zu unserem „Glaspalast" Zugang gehabt hätte. Wir saßen darin, betrachteten die Welt, nippten an einem Wasserglas und waren uns selbst völlig genug mit unserem Hunger, der kein Hunger mehr war, sondern eine Existenzgrundlage. Unser System war logisch und in Ordnung – und es war vollständig abgeschirmt gegen jede Fremdeinwirkung.

Dann erschien Nele eines Tages nicht zu einer Verabredung. So fuhr ich gegen Abend in das Krankenhaus, in dem sie die Nächte verbringen musste. Sie lag in einem riesigen Krankenhausbett wie ein verhungertes Vögelchen. Totenblass, gefesselt an Messgeräte und Schläuche, die ihr aus den Armen, dem Mund und der Nase quollen. Ohne ihre sonst so stilvolle Kleidung, ohne ihre sorgfältig geordnete Frisur, ohne ihren staunenden, leise verächlichen Blick auf diese schmutzige Welt sah sie wirklich aus wie ein winzig kleines Mädchen, das einfach verschwand – wie in der Luft verschwand, sich hinter die Dinge zurückzog, verblasste, sich einfach auflöste.

Doch sie war ansprechbar, lächelte tapfer, versicherte mir, dass sie nur ein bisschen zusammengeklappt sei und wir unser Treffen am nächsten Tag nachholen würden. Wir witzelten über die halben Hühnchen und die Spargelcremesuppen, die ihr jetzt vermutlich in die Venen gepumpt würden, und dass sie anschließend vielleicht doch ein paar Tage auf Reduktionskost gehen müsste, um das Ganze wieder loszuwerden.

An den Wänden des Zimmers, das sie mit zwei anderen Frauen teilen musste, hingen ihre selbst gemalten Bilder. Ich hatte nicht gewusst, dass sie malte und wie gut sie malte. Die Bilder waren alle in Schwarz-Weiß, zeigten zum Teil harte, abstrakte Formen in Kohle oder Tusche, in denen Schwarz und Weiß sich einen gnadenlosen Kampf lieferten, zum Teil hauchzarte Bleistiftzeichnungen von einsamen Moorlandschaften oder Feldwegen. Keine Häuser, niemals Menschen. Ich staunte, versank in diesen Bildern und fand Nele in jedem von ihnen greifbarer als in dem völlig unwirklichen Krankenhausbett, in dem sie lag. Irgendwann verabschiedete ich mich von ihr und versprach, sie am nächsten Tag abzuholen und nach Hause zu bringen.

Als ich am folgenden Tag wiederkam, war ihr Bett verschwunden, die Bilder waren schon von den Wänden genommen worden. Nele war tot.

VI.

Werden am Rand des Schweigens

Neles Tod machte mich hilflos und zornig. Was hatten sie mit ihr gemacht? Wo war sie? Wie konnten sie einfach das Bett aus dem Zimmer schieben, die Bilder von den Wänden nehmen und mit einer ätzenden Flüssigkeit auf dem Boden und an den Regalen herumwischen, als hätte ein Insekt ihre kostbaren Krankenhauswände besudelt? Warum kümmerte es niemanden, dass sie tot war?

Was war das für eine Welt, in der eine Frau wie sie sterben musste? Sterben durfte, ohne dass es offensichtlich irgendjemanden interessierte?

Nirgends sah ich einen Angehörigen oder einfach jemanden, der nach Nele fragte. Das Krankenhauspersonal antwortete mir nicht auf meine verzweifelten Fragen, sie sagten mir nicht einmal, wann und wie sie gestorben war oder ob ich sie noch einmal sehen könnte. Die Schwestern guckten mich ein bisschen angestrengt und ein bisschen mitleidig an und ließen mich einfach stehen. Der geschäftige Alltag des Pflegepersonals hatte längst Fahrt aufgenommen. Ich war wieder allein mit meiner Wut und meiner Angst.

Nele war tatsächlich einfach gestorben. War einfach den Weg bis zum Ende gegangen. Unseren Weg. Wenn Nele sterben konnte, dann konnte mir das auch passieren. Hatte sie gewusst, dass es schließlich so schnell gehen würde? Kaum. Viel zu ernst hatte sie mir noch gestern gesagt, dass sie sich darauf freute, wenn ich sie aus diesem elenden Krankenhaus abholen würde. Sie kann nicht gewusst haben, wie nahe das Ende war.

Wenn es plötzlich so schnell gehen konnte – dann konnte es bei mir auch schnell gehen. Sicher, ich wog immer noch etwas mehr als sie, aber die Richtung war ja klar, in die es ging. Nele war einfach schon vorausgegangen.

Zum ersten Mal seit unvorstellbar langer Zeit spürte ich meinen Magen. Er revoltierte. Mir war übel, obwohl ich noch gar nichts gegessen hatte. Noch auf der Station begann ich zu weinen, ging weinend nach Hause und hatte das Gefühl, endgültig die Kontrolle verloren zu haben – über mich, über das Leben und über das Sterben nun also auch. Dass wir wirklich sterben konnten, hatten wir nicht bedacht und nicht gewollt. Dass Nele wirklich gestorben war – ich konnte es nicht begreifen.

Als wäre mein luftdichter Panzer plötzlich aufgesprengt worden, dachte ich sogar daran, wieder zu essen. Wenn alles so enden konnte, wenn ich nichts mehr in der Hand hatte – dann könnte ich auch essen, dann war einfach alles egal.

Aber ich konnte es eben nicht. So schnell ging es nicht. Trotz der vollständigen Ohnmacht, die mich überschwemmte, war die Angst vor dem Leben selbst noch größer. Wenn ich wieder äße und zunähme – was dann? Was sollte ich dann tun mit diesem sinnlosen, furchtbaren Leben, das offenbar immer nur neue Katastrophen für mich bereithielt? Wie sollte ich diese Gefühle, diese Angst, die Erinnerungen und den Schmerz über all das Verlorene aushalten? Wie sollte ich diesem Leben standhalten, das alles tat, um unerträglich zu sein?

Und wieder saß ich wochenlang auf meinem Sofa in meinem Zimmer, dachte an Nele, an unsere gemeinsame Zeit. Sah sie in diesem riesigen Krankenhausbett an den Schläuchen hängen, immer noch lächelnd. Wahrscheinlich war sie auch lächelnd gestorben, lächelnd und ganz allein. Nele hatte immer gelächelt, leise, vornehm, immer wieder wie unangenehm berührt von dieser lauten und schmutzigen Welt. Nur selten legte sich ein Schatten auf ihren Blick, der dann dunkel wurde vor Entsetzen. Aber darüber sprachen wir nicht, wozu auch.

Meinen Mitbewohnerinnen sagte ich knapp, dass meine Freundin aus der Selbsthilfegruppe gestorben sei und dass ich allein sein wollte. Sie fragten nicht weiter nach, ließen mich in Ruhe, schauten nur ab und zu, ob ich etwas brauchte. Achteten einfach darauf, ob ich noch lebte.

Ich lebte noch, weil ich trotz allem nicht aufhören konnte, nach irgendeinem Sinn zu suchen. Ich suchte nach dem Sinn für dieses Leben, das mir zu schwer wurde und mich nur noch verwirrte. Ich suchte nach dem Ort, an dem Nele jetzt war. Nach dem Sinn von Neles Tod, nach dem Grund für mein dauerndes Scheitern. Ich wollte eine Antwort auf die Frage, die immer leiser wurde. Gibt es Dich, Du fremder Gott? Gibt es irgendjemanden, der mich noch hört? Ich suchte verzweifelt nach irgendeiner Tür aus meinem steinernen Kerker. Nach etwas, das mich atmen ließ und wissen, dass Nele nicht verloren war. Und ich auch nicht. Wie immer begann ich, in Büchern zu suchen. Unbewusst, beiläufig, sehnsüchtig und verzweifelt.

Irgendwo hatte ich japanische Tuschemalerei gesehen. Sie erinnerte mich an Neles Bilder, ging aber zart und kraftvoll weiter als diese, tiefer hinein in ein unaussprechliches weißes Nichts, in dem alles enthalten und geborgen und frei war.

Wie eine Antwort auf Verzweiflung und Klage, auf zu viele Worte und zu laute Bilder klang die Stille auf in diesen Bildern. Eine Stille, die ganz anders war als das jähe Verstummen, das mir so vertraut war. Eine Stille, die weltenlang atmete, beruhigte und weitete und den Sinn in sich selbst barg, lange bevor er sich im ersten Wort aussprach und zu bezweifeln war.

Also besorgte ich mir Bücher über japanische Tuschemalerei, schaute die Bilder an, las über die Maler und ihre Art, die Welt zu sehen. Sie führten mich zum Buddhismus und vor allem zum Zen-Buddhismus, in dem ich die Kunst vollendet fand, die Stille hinter allen Worten zu malen. Alles daran sprach mich an, berührte eine tief verborgene, längst verstummte Saite in mir. Sehnsucht erwachte.

Sehnsucht nach dieser Stille in den noch ungefüllten Räumen zwischen Worten und Linien, Reinheit im klaren Licht, Beruhigung der aufgewühlten und zerquälten Sinne. Und eine Verheißung, die über alle Worte hinausgeht. Die Verheißung einer Wirklichkeit, in der auch der Mörder in meinem Kopf überwunden wäre und still würde.

Ich hatte keine Ahnung, was ich tun könnte, um in diese Wirklichkeit zu gelangen. Also las ich weiter. Verschlang Bücher über Zen und von Menschen, die auf diesem Weg waren. Ich begann selbst zu zeichnen und zu malen, zuerst mit Bleistift und meinen alten Schulpinseln, die irgendwo auftauchten, dann kaufte ich mir richtige japanische Pinsel und die entsprechende Tusche dazu. Ich malte die Bilder und Zeichnungen aus den Büchern ab, japanische Landschaften, Mönche, Drachen, Bambus,

Blüten, Kiefern in allen Gestalten; schließlich wagte ich mich an die Schriftzeichen. Ich malte ganze Gemälde samt den Schriftzeichen ab und entwarf mir ein eigenes Siegel. Ich hatte gelesen, dass im chinesischen Horoskop der Drache mein Zeichen war, im asiatischen Kulturkreis ein durchaus sympathisches Wesen. In unserem westlichen Horoskop bin ich Krebs, dazu gehört der Mond als Gestirn; und so entwarf ich mir ein Zeichen für „Monddrache" und malte es in vorschriftsmäßigem Rot unter alle meine Bilder. Eine neue Gestalt, in die ich mich flüchten und bergen konnte, ohne gleich wieder festgelegt zu sein – der „Monddrache".

Ich malte so viel und mit so viel Hingabe, dass ich das Essen vergaß. Während ich malte und versuchte, das Tor in die große Stille zu finden, vergaß ich vollständig, dass ich mich um mein Gewicht, meine Strategien, meine Verweigerung zu kümmern hatte. Manchmal betrachtete ich auch einfach stundenlang ein Foto von einem Zen-Garten, liebte die einfachen, klaren, wunderschönen Formen und Farben. Schließlich fand ich heraus, dass es auch in Berlin buddhistische Tempel gab, die dem Mahayana-Buddhismus angehörten, sogar eine Gruppe von Tibetern, die regelmäßig zu gemeinsamen Meditationen einluden – und es gab einen Zen-Tempel in Frohnau, dem vornehmen Norden der Stadt. Genau dort wollte ich hin. Dort hoffte ich, Menschen zu finden, die mich durch das Tor in diese andere Wirklichkeit führen würden.

Mit Herzklopfen und einer ganz neuen, gespannten Hoffnung fand ich die kleine, abgelegene Straße in dem Villenviertel. Ein schwarz lackierter Metallzaun umgab ein schlichtes, weißes Haus mit schiefergrauem Flachdach, halb verborgen hinter Kiefern. Durch die Gartentür gelangte man über einen Kiesweg zu einer grauen Steintreppe, die zu der etwas tiefer liegenden Eingangstür hinabführte. Das Gartentor war verschlossen. Abgesehen von ein paar Vogelstimmen war es vollkommen still, kein Mensch war zu sehen. Am Tor fand ich zwar einen Klingelknopf, aber keinen Namen und keinen Hinweis, um was für ein Haus es sich handelte. Lediglich eine im Fenster hängende Tuschezeichnung bestätigte, dass ich am richtigen Ort war. Alles zog mich in dieses Haus, in diesen Frieden.

Ich hätte klingeln müssen. Aber ich wagte es nicht. Fühlte mich so unwissend, so unendlich weit entfernt von dem, was ich in diesem Haus zu finden hoffte, dass ich es nicht wagte, auf mich aufmerksam zu machen.

Lange stand ich an der Tür, den Finger auf dem Klingelknopf. Voll Sehnsucht schaute ich zu dem weißen Haus, wünschte so sehr, dass jemand käme und mich einladen würde, mich trotz allem für würdig hielte, in diese heilige Stille einzutreten. Aber es kam niemand.

Und so ging ich fort und bin nicht mehr zurückgekehrt. Jedenfalls nicht zu diesem Haus.

Stattdessen besuchte ich dann andere buddhistische Gruppen in Berlin, fand aber nirgends diese reine, kühle Stille, die ich im Zen geahnt hatte. So fing ich an, mein eigenes Zimmer wie einen kleinen Tempel einzurichten. An den Wänden hingen meine schönsten Tuschezeichnungen, ich kaufte japanische Schalen und Stoffe und verkaufte schließlich mein Auto, das mir meine Mutter vor Jahren geschenkt hatte, um mir von dem Geld eine Reise in ein buddhistisches Land zu finanzieren. Für Japan reichte das Geld nicht aus, wohl aber für eine zweiwöchige Pauschaltour nach Sri Lanka. Plötzlich hatte ich etwas, auf das ich mich wirklich von ganzem Herzen freute, ein völlig vergessenes Gefühl. Helle Freude. Vorfreude auf etwas, auf das ich warten konnte, das mir entgegenkam, etwas, von dem ich mir Erlösung und Hilfe, Begegnung mit dem lebendigen Leben erwartete.

Während ich mich auf meine Reise nach Sri Lanka vorbereitete, las ich in einer der buddhistischen Schriften die bestechend einfache Aussage, dass unser Geist auf dieser Erde nur existieren kann, solange er sich im Leib befindet, und dass es deshalb unsere Aufgabe sei, angemessen für diesen Leib zu sorgen – wenn wir denn den Weg des Buddha in diese kühle, reine und friedliche Stille gehen wollen.

Das klang so klar, so einfach und so erfüllt von einer Weisheit, die meinen Gehorsam forderte, dass mich dieser schlichte Satz im innersten Herzen traf und beschämte. Wenn ich dem Weg des Buddha folgen wollte, und das wollte ich ja, dann musste ich diesen Satz ernst nehmen. Als habe dieser weit entfernte Lehrer voll Güte und Strenge direkt und persönlich zu mir gesprochen, wusste ich plötzlich, dass ich versuchen musste, wieder halbwegs normal zu essen. Und sei es nur, um nach Sri Lanka zu kommen, und sei es nur, um dort oder wo auch immer jemanden zu finden, der mich mitnahm auf diesem Weg in die Stille und Klarheit. Dafür würde ich essen. Dann brauchte ich den Hunger als Lebensinhalt nicht mehr, weil ich etwas viel Größeres und Besseres gefunden hatte.

Nur Carola, der Mitbewohnerin, die vor vielen Monaten meinen Gewichtsverlust so entsetzt wahrgenommen hatte, teilte ich meinen Entschluss mit. Am nächsten Morgen, sagte ich ihr einfach, wollte ich anfangen zu essen. Sie sagte gar nichts, nahm mich einfach nur in die Arme, weinte. Das verwirrte mich – wieso weinte sie? Ich konnte mir nicht mehr vorstellen, dass irgendeinem Menschen noch an mir gelegen sein könnte. Zu weit hatte ich selbst mich aus allen Beziehungen gelöst.

Am nächsten Morgen waren die WG-Frauen schon unterwegs, als ich aufstand. Mein Lebensrhythmus war längst völlig durcheinander geraten, ich war oft die ganze Nacht wach, malte und las, wenn es ganz still war, und schlief erst in den frühen Morgenstunden oder tagsüber ein bisschen. An diesem Morgen also war ich allein, ging in unsere große, schöne Altbauküche – und traute meinen Augen nicht: Die Küche war aufgeräumt und blitzsauber, kein schmutziges Geschirr stand wie sonst in der Spüle, auf dem Tisch stand ein großer Blumenstrauß vor einem liebevoll vorbereiteten Gedeck samt Serviette in silbernem Ring – so deckten wir den Tisch allenfalls, wenn jemand Geburtstag hatte. Carola hatte meine Lieblingsschale bereitgestellt, geschnittenes Obst, Müsli, ein bisschen Brot und Butter angerichtet, Kaffee gekocht und in einer wunderschönen Thermoskanne warmgehalten, die sie normalerweise für ganz besondere Gäste verwahrte. Daneben lag eine Karte von ihr, ein liebevoller Gruß an mich. Ich saß vor diesem ganz und gar unüblichen Gedeck und wusste nicht, was ich fühlen sollte.

Und so versuchte ich statt aller Gefühle, mein Versprechen zu halten, überwand meine erste heftige Abwehr – und begann ein bisschen zu essen. Das Brot mit Butter schmeckte gut, ich erlaubte mir sogar, ein winziges bisschen Marmelade dazu zu nehmen. Den sofort und völlig automatisch einsetzenden Kalorienzähler in meinem Kopf versuchte ich einfach zu ignorieren. Ich fühlte mich gut oder wollte mich jedenfalls so fühlen, schaute immer wieder Carolas Karte an und redete mir gut zu wie einem kleinen Kind, das zum Essen ermuntert werden muss. Natürlich wusste ich, dass ich vorsichtig sein musste, um meinen völlig entwöhnten Magen nicht zu überlasten. Also beendete ich diese Premiere bald, räumte immer noch lächelnd auf, wusch ab – und wusste nicht mehr, was ich danach tun sollte.

Die Wohnung war leer, ich hatte schon lange keine Verpflichtungen mehr, niemanden, der mich um diese Zeit irgendwo erwartete. Und das fiel mir jetzt auf. Plötzlich wurde mir klar, dass alle anderen jetzt etwas Sinnvolles taten: arbeiten, studieren, wenigstens den Hund ausführen. Ich hatte gar nichts zu tun. Der Abstand zwischen mir und dem normalen Leben erschien mir plötzlich so unüberbrückbar weit, als säße ich allein auf einem einsamen Stern ohne die geringste Möglichkeit, jemals zur Erde zurückzukehren. Und von einem Zwang überwältigt, der mächtiger war als meine Steuerungsversuche, fand ich mich über die Toilettenschüssel gebeugt wieder und wusste, dass der erhoffte Beginn einer neuen Zeit diesmal gescheitert war. Meine „alte Welt" hielt mich fest. Ohne Kampf war hier kein Entkommen möglich. Entsetzt und überwältigt begriff ich diese Dimension meiner Ohnmacht. Ich konnte zwar essen *wollen*, aber ich konnte es nicht *tun*! Auch die nächsten beiden Versuche an diesem Tag endeten auf die gleiche Weise, und schließlich gab ich auf. Als Carola abends an meine Tür klopfte und sich zaghaft lächelnd nach meinem Befinden erkundigte, log ich sie an. Es ginge mir bestens, ja das Frühstück wäre ganz wunderbar gewesen, und auch tagsüber hätte ich ein bisschen gegessen und nun ginge es mir gut.

An diesem Tag begann die zweite Phase dieser elenden Zeit, die mich lehrte, wie es inzwischen tatsächlich um mich stand. Aus der Magersucht wurde eine Bulimie, ich aß, manchmal ausgesprochen viel, nur um es hinterher sofort zu erbrechen. Dabei nahm ich etwas zu, sodass wiederum niemand etwas bemerkte. Aber mir ging langsam diese klare, überscharfe Wachheit verloren, die ich während der magersüchtigen Phase durchaus genossen hatte. Immer häufiger bekam ich Kopf- und Magenschmerzen, war müde und abgekämpft, das Zahnfleisch entzündete sich, die Speiseröhre brannte, und die Haare fielen wegen der langen Mangelernährung auch langsam aus – was mich nicht überraschte, denn der größte Teil meiner verbliebenen physischen Kraft erschöpfte sich in Ess- und Brechattacken. Wieder begann ich mich zu verachten. Als Magersüchtige hatte ich mir eingebildet, irgendwie ätherisch, unabhängig, frei zu sein. Jetzt war ich nur noch besudelt, schwach, schmutzig.

Meine ganze Hoffnung setzte ich weiterhin in die Reise nach Sri Lanka, von der ich mir so etwas wie einen geistigen und geistlichen Ausweg aus diesem rasenden Teufelskreis versprach. Aber noch einmal wurde diese Hoffnung auf „Erlösung" zunichte gemacht. Eine Woche vor dem geplanten Abflug brach in Sri Lanka der Bürgerkrieg aus, und das auswärtige Amt riet allen Deutschen, das Land zu verlassen oder gar nicht erst einzureisen. Daraufhin stornierten die Reisebüros alle Buchungen, und ich bekam mein Geld zurückgezahlt. Nichts hätte ich mir weniger gewünscht. Auch dieser Weg verschloss sich mir also.

In einem Anfall von Trotz kaufte ich mir für die erstatteten Reisekosten eine große, sehr wertvolle goldene Buddha-Statue und stellte sie mitten in mein Zimmer.

Wenn ich schon nicht zum Buddha kam, sollte er wenigstens zu mir kommen.

Vor allem sollte er mich davon abhalten, schlicht Schluss zu machen, durch eine einfache Tat aus diesem ewigen Kreislauf aus Hoffnung und Tod auszubrechen. Indem ich wieder zu essen begonnen hatte, wenn auch in sehr eigenwilliger Form, begann ich, auch meine Gefühle wieder wahrzunehmen – und die waren wild, äußerst schmerzhaft, verzweifelt und manchmal auch sehnsuchtsvoll wie die eines verlassenen Kindes. Um sie auszuhalten, brauchte ich eine andere Kraft als die von Menschen. Und wenn ich auch nicht wusste, was mich denn eigentlich in diesem Leben hielt, so konnte ich mich doch nicht davon lösen. Als gäbe es doch noch irgendetwas zu tun, zu entdecken und zu erwarten, wovon ich zwar keine Vorstellung hatte, das mich aber immer stärker lockte – wenn auch durch Mittel und Wege, die auf mich zumindest unverständlich und keineswegs liebenswürdig wirkten.

Wieder befand ich mich in einer Sackgasse. Schließlich half mir mein Körper zum nächsten Schritt.

VII.

Wege ertasten

Etwa sechs Jahre waren vergangen, seit ich als verheißungsvolle Abiturientin die Schule verlassen hatte. Sechs
Jahre, von denen ich heute nicht viel mehr weiß als das,
was auf den vorangegangenen Seiten geschrieben steht.

Die an dieser Stelle langsam wieder einsetzende chronolo-
gisch geordnete Erinnerung deutet auf eine allmähliche
Wiederannäherung an die Welt, in der die anderen Menschen leben – diese Welt, in der es ein konkretes Datum
gibt und in der in messbaren Tagen, Wochen und Monaten gerechnet wird.

Inzwischen hatte ich neben der Zen-Malerei mein Interesse für Kunst überhaupt und speziell für Malerei entdeckt. Da ich kaum etwas anderes tun konnte, stapelten
sich in meinem Zimmer Ausstellungskataloge, Bücher
über Kunstgeschichte und Stilkunde, mit großer Anteilnahme las ich die Biographien von Malerinnen und Ma-
lern.

So hatte ich das Künstlerdorf Worpswede bei Bremen
entdeckt. Die weite, offene melancholische Landschaft
dort war mir so vertraut, als hätte ich immer dort gelebt,
sie schien ein wunderbares Abbild meiner eigenen Stimmung zu sein. Die Malerei der Worpsweder nahm diesen
Klang auf, und Paula Modersohn-Becker mit ihren kindlich unbekümmerten und alt-weise blickenden Gestalten
bildete diese Seelenlandschaft in ihren Personen ab. Ihre
stille, irgendwie heitere Traurigkeit wirkte lindernd auf
meine aufgepeitschten Nerven.

Inzwischen hatte ich durch die Unterstützung meiner Mutter ein neues Auto bekommen, eine grüne Ente namens Amanda, die ich liebte. Mit ihr fuhr ich eines Tages nach Worpswede, nahm mir dort ein Zimmer in einem der umliegenden Höfe und wollte ein paar Tage einfach nur schauen, mich in dieses Farbnest aus Grün, Blau und Braun fallen lassen. Ich ging in die Museen und Galerien, las die Biographien von Paula Modersohn-Becker und Clara Rilke-Westhoff, deren zarte und stürmische Freundschaft alte Erinnerungen an meine „frauenbewegten Zeiten" wachrief. Am dritten Tag fuhr ich zum Worpsweder Friedhof, um das Grab von Paula zu sehen. Sie war kurz nach der Geburt ihrer Tochter gestorben. Auf die emotionale Wucht ihres Grabmals, das Bernhard Hoetger gestaltet hat, war ich nicht vorbereitet. Eine junge Frau liegt nackt auf dem Rücken, offensichtlich gequält von Schmerz, mit letzter Kraft sich aufbäumend. Auf ihrem Schoß sitzt, viel zu groß für diese zarte Gestalt, ein dickes kleines Kind, das sich selbst genug ist und von dem Schmerz der Mutter nichts zu spüren scheint.

Ich sah nur diese Frau, ihre Hilflosigkeit und Ohnmacht, ich spürte ihren Todeskampf, und plötzlich explodierte in mir ein so gewaltiger und zorniger Schmerz, dass ich laut und haltlos anfing zu weinen. Es weinte aus mir heraus, ich konnte nicht mehr aufhören und tastete mich wie blind in meine Pension zurück, versuchte irgendwie diesen zerreißenden Schmerz zu betäuben. Inmitten meiner ohnmächtigen Versuche, die Kontrolle auf irgendeine Weise wieder zu erlangen, überfiel mich plötzlich ein heftiger Schwindel, ringende Atemnot, Todesangst. Mühsam wankte ich zum Bett, versuchte ruhig zu werden, mir einzureden, ich sei sicher hier in dieser netten Pension, es sei alles in Ordnung. Vergeblich. Etwas schnürte mir langsam den Atem ab, mein Herz raste, auf meiner Brust schienen Tonnen zu lasten, ich hatte das Gefühl zu ersticken. Schließlich schaffte ich es, die Wirtsleute zu rufen, und sie verständigten einen Notarzt. Nach einer Spritze wurde ich etwas ruhiger. Der Arzt empfahl mir dringend, mich sofort abholen und nach Hause fahren zu lassen.

Da ich wirklich zu schwach zum Aufstehen und erst recht zum Autofahren war, rief ich meine Mutter an, die gerade wieder in Deutschland war, und bat sie, mich abzuholen. Sie kam sofort, gemeinsam mit ihrem Mann A., und packte mich in ihr Auto, während A. die Ente zurück nach Berlin fuhr.

Ein paar Tage blieb ich in ihrer hellen und freundlichen Wohnung in Berlin, sie versorgte mich rührend und ohne Fragen zu stellen, obwohl ich seit Jahren ihre Zuwendung nur abgelehnt hatte. In dieser Zeit war ich sogar zu schwach, um mich gegen das Essen zu wehren oder es wieder zu erbrechen – und fühlte mich unendlich erleichtert. Es waren seit Jahren die ersten Tage, an denen ich halbwegs normal essen konnte, wenig zwar, aber regelmäßig. Es war wie ein Geschenk, und ich verbot mir mit aller Macht, über das „Danach" nachzudenken. Nur schlafen, essen, schlafen.

Hans, der befreundete Kinderarzt, bei dem meine Mutter gearbeitet hatte und den auch ich seit Kindertagen kannte, kam auf Bitten meiner Mutter mehrmals zu Besuch, untersuchte mich, stellte eine starke Unterernährung fest und anhand eines Blutbildes die Entgleisung aller möglichen körpereigenen Systeme. Ich fand es fast erstaunlich, dass dieser Körper noch so lange ausgehalten hatte, nachdem mein Leben immerhin schon vor Jahren aus der Spur geraten war. Er verordnete mir irgendwelche flüssigen Aufbaulösungen, ich dachte an Nele und ließ es mir gefallen. Natürlich versuchte der Arzt, dem ich wirklich vertraute, herauszufinden, was denn das eigentliche Problem sei und fragte behutsam danach. Ich konnte es ihm nicht sagen. Ich hätte nicht gewusst, wo ich anfangen sollte. Es ging alles schon viel zu lange und es war viel zu verstrickt und so voller Schuld und Scham, dass ich kein Wort über die Lippen brachte.

Schließlich riet er mir, mich in eine Psychotherapie oder noch besser in eine Analyse zu begeben. Er hätte mir genauso gut raten können, mich in Isolationshaft zu begeben. Leider hatte ich auch darüber schon zu viele und vermutlich auch zu viele schlechte Bücher gelesen und hatte Angst vor der Vorstellung, dass jemand anders über mein Denken und Fühlen die Kontrolle übernehmen könnte. Meine Angst vor meiner eigenen Geschichte und den damit verbundenen Gefühlen und Erinnerungen war übermächtig. Aber ich begann einzusehen, dass irgendetwas geschehen musste, wenn ich denn leben wollte. Und das wollte ich ja – auch wenn ich keine Ahnung mehr hatte, wie das geht.

Nach einigen Tagen mütterlicher Pflege war ich wieder fähig, meine Lage zu überblicken. Ich hatte, ich weiß nicht wie, an der Uni im Laufe der Jahre doch so viele Scheine erworben, dass ich in Germanistik eigentlich nur das Examen machen musste, in Geschichte fehlten mir noch ein oder zwei Scheine aus dem Hauptstudium. Aber ich war seit unvorstellbar langer Zeit nicht mehr in einer Vorlesung oder einem Seminar gewesen, kannte niemanden mehr und hatte das Gefühl, inzwischen hundert Jahre älter geworden zu sein – zu alt und zu unbegabt für diesen Unibetrieb. Bei dem bloßen Gedanken an die langen, dunklen Gänge und riesigen Hörsäle wurde mir jedes Mal so schlecht, dass ich tatsächlich anfing zu weinen. Es ging nicht mehr, und ich war entschlossen, nie wieder einen Fuß in irgendein Universitätsgebäude zu setzen, die mir ausnahmslos – in eigenartiger Übertragung aller möglichen Gefahren – als Inbegriff des durchlittenen Abgrundes erschienen.

Meine Mutter war von diesem Entschluss, das Studium abzubrechen, verständlicherweise alles andere als begeistert. Mein Vater und sie hatten mich in den vergangenen Jahren ja vollständig finanziert, samt Wohnung, Auto, Reisen und – natürlich unwissend – den nicht unerheblichen Kosten, die durch bulimisches Essverhalten entstehen. Aber als Mutter und gute Krankenschwester sah sie auch, in welchem Zustand ich mich befand, und dass zunächst das schlichte Überleben wieder ermöglicht werden musste. So exmatrikulierte ich mich endlich und fühlte mich von einer großen Last befreit.

Übergangsweise, vor allem, um wieder so etwas wie einen halbwegs geordneten Tag- und Nachtrhythmus zu bekommen, lud Hans mich ein, in seiner Kinderarztpraxis im Berliner Wedding zwanzig Stunden in der Woche als Sprechstundenhilfe mitzuarbeiten. Meine Mutter war inzwischen pensioniert worden, und so war in der Praxis tatsächlich eine halbe Stelle frei. Nach vier Wochen bekam ich mein erstes selbst verdientes Geld und musste nun damit auskommen. Meine Eltern und ich hatten – auch mit Hans' Unterstützung – vereinbart, dass sie mich nur noch im Notfall unterstützen würden, dass ansonsten aber das Gehalt aus der Arztpraxis reichen musste. So begann ich langsam wieder Verantwortung für mein Leben zu übernehmen, ein Gefühl dafür zu gewinnen, was wirklich war, und die Realität um mich herum wahrzunehmen. Auch wenn ich anfangs nicht sicher war, ob ich es schaffen würde, war es genau die richtige Entscheidung – ich begann mich wieder als Teil eines größeren Systems zu begreifen, das mich ebenso forderte wie trug.

Die Arbeit in der Kinderarztpraxis tat mir gut. Sie war konkret und tageweise sehr anstrengend, weil Hans weder auf die Zeit noch auf Terminpläne achtete und wir manchmal bis neun Uhr abends arbeiteten (allerdings bezahlte er jede Überstunde reichlich und bereitwillig). Die Patienten im Wedding kamen überwiegend aus sehr einfachen, oft auch ziemlich kaputten Verhältnissen, der Anteil an türkischen und anderen ausländischen Menschen war sehr hoch. Ich lernte wirkliche Not und Armut kennen, die Kinder waren nicht selten verwahrlost und zeigten körperliche und seelische Mangelerscheinungen. Dabei war ich mit drei anderen Frauen in ein Arbeitsteam eingebunden, die vermutlich nicht so viel Wissen angehäuft hatten wie ich und über ganz andere Dinge nachdachten, die aber im Gegensatz zu mir ihr Leben ganz gut in den Griff bekamen. Ich lernte von ihnen, das einfache diesseitige Leben mit seinen Notwendigkeiten anzunehmen, zu akzeptieren, einfach das zu tun, was getan werden musste – die Karteikarte aus dem Schrank holen, das Kind beruhigen oder ermuntern, den Eltern die Informationen über ihr Kind oder die jeweiligen Behandlungen weitergeben, den Boden wischen und das Labor aufräumen. Bald holte Hans mich als Assistentin ins Behandlungszimmer, um selbständig kleine vorbereitende Untersuchungen durchzuführen, ihn mit Instrumenten und die Mütter mit hilfreichen Worten zu unterstützen und den Eltern noch einmal zu übersetzen, was Hans ihnen gesagt hatte, während er schon im nächsten Zimmer war.

Die kleineren Kinder zu sehen oder sie sogar zu berühren, machte mich zunächst völlig hilflos. Sie waren so zart, scheinbar so unversehrt, oft noch so unglaublich vertrauensvoll – bis sie lernen würden, dass Vertrauen auch gefährlich sein kann. Oft fühlte ich mich nicht „rein", nicht anständig genug für die Kleinen, innerlich und äußerlich zu dunkel und zu kaputt für diese zarten Geschöpfe. Manchmal beneidete ich sie um ihre Arglosigkeit. Bei den etwas Größeren hingegen fühlte ich mich oft dumm. Ich konnte mich zunächst nicht unbefangen und zwanglos mit ihnen unterhalten, immer fand ich mich seltsam künstlich, wie ausgesperrt aus ihrer einfachen und bunten Kinderwelt. Ich hatte Angst, dass sie oder ihre Eltern erkennen könnten, was für eine verrückte Geschichte ich mit mir herumtrug. Das änderte sich nach einigen Wochen, als manche Kinder mich beim zweiten oder dritten Besuch wiedererkannten und sich darüber freuten. Während es mir fast nicht möglich war zu glauben, dass Erwachsene Zuneigung zu mir empfanden, geschweige denn sie anzunehmen, hatte ich den Kindern gegenüber keine Vorbehalte. Wenn sie mich mochten, dann glaubte ich ihnen das und dann konnte ich zumindest nicht gänzlich schlecht und verdorben und falsch sein.

Nach einem Jahr riet mir Hans, mich um einen Ausbildungsplatz als Kinderkrankenschwester zu bewerben, wenn ich nun absolut nicht mehr studieren wolle. Der Gedanke an eine Ausbildung war mir zunächst fremd. Was sollte ich als Kinderkrankenschwester tun? Sollte ich mein Leben mit kranken Kindern und ihren mehr oder weniger besorgten Eltern verbringen? Was würde aus meinen anderen Interessen, meinen Büchern?

Zugleich musste ich mir eingestehen, dass meine sogenannten anderen Interessen und meine Bücher mir in den vergangenen Jahren nicht viel geholfen hatten, der einfache Kontakt zu einfachen (und auch weniger einfachen) Menschen aber sehr wohl.

Hans ermutigte mich sehr und zeigte mir Perspektiven auf, die mir auch als Kinderkrankenschwester offenstünden. Ich könnte ja irgendwann Unterrichtsschwester werden oder als Kinderkrankenschwester in den Entwicklungsdienst gehen. Letzteres fand ich besonders spannend, denn die Aussicht, Menschen beizustehen, denen es wirklich schlecht ging, lockte mich schon sehr. Außerdem konnte ich mir zu dieser Zeit absolut nicht vorstellen, den Rest meines Lebens in Deutschland zu verbringen.

Langsam fand ich also Gefallen an der Idee. Mit einem wunderbaren Zeugnis von Hans und einem echten Erklärungsnotstand, was ich eigentlich in den letzten Jahren gemacht hatte und warum ich mein Studium so kurz vor dem Ende abgebrochen hatte, bewarb ich mich an zwei Berliner Kinderkrankenhäusern – und bekam zum nächstmöglichen Termin einen Ausbildungsplatz in dem Krankenhaus meiner Wahl, dem Kaiserin-Auguste-Viktoria-Krankenhaus in Charlottenburg, kurz KAVH genannt. Es war, wie der Name vermuten lässt, ein Haus mit einer langen und ehrwürdigen Tradition, inzwischen aber Teil des Berliner Universitätsklinikums. So befanden sich in den alten Gemäuern hochmodern ausgestattete Stationen samt Neonatologie, Neurologie, Psychiatrie und Onkologie; und insbesondere die Onkologie hatte einen international herausragenden Ruf.

Das lockte mich. Menschen an der Grenze. Wenn es auch andere Grenzen waren, die hier berührt wurden, so ging es letztlich um Fragen von Leben und Tod und das Dazwischen in die eine oder andere Richtung. Das war mir ja nicht unvertraut. So begann ich im Herbst 1989 eine dreijährige Ausbildung als Schwesternschülerin. Ich war inzwischen 25 Jahre alt.

VIII.
Gerettet, doch auf Hoffnung

Die Schwesternschule: liebe, nette junge Mädchen, mit denen ich im Unterricht zusammen war, die so gut zur sauberen, ordentlichen Atmosphäre des Krankenhauses passten und zu der akkuraten Kleidung der Unterrichtsschwestern, dazu die bestenfalls knielangen, hellblauen Schülerinnenkleider, die damals noch getragen wurden und die dem Spottnamen „Körperbeutel" alle Ehre machten – in den ersten Tagen war ich mir nicht sicher, ob ich das aushalten würde. Ich fühlte mich ein bisschen wie ein müder, zerrupfter Spatz in einem Nest voller junger, hübscher Amseln und lebte dauernd mit dem unguten Gefühl, mich für meine bloße Anwesenheit schämen zu müssen – umso mehr, als niemand wusste, wer diese freundliche, aufgeschlossene „Barbara" sein sollte, ich selbst am allerwenigsten.

Glücklicherweise gab es noch eine Frau in meinem Alter, die wie ich einen Studienabbruch hinter sich hatte und die Welt mit einem ähnlich zynisch-hilflosen Blick betrachtete. Mit ihr und einem jungen Mann, der ebenfalls in mehrfacher Hinsicht aus dem Bild der typischen „Schwesternschülerin" herausfiel, richtete ich mich in den Gegebenheiten ein, so gut es eben ging. Denn dass sich hier eine echte Chance bot, aus dem Teufelskreis auszubrechen, in dem ich gefangen war, begriff ich gut.

Zu meiner eigenen Überraschung interessierten mich die Inhalte, die in der Ausbildung vermittelt wurden, sehr. Ich lernte gerne alles über Physiologie und Anatomie, was eine Kinderkrankenschwester eben lernt (und das ist nicht wenig), über Grund- und Behandlungspflege, über die einzelnen Fachbereiche der Medizin, hatte begreiflicherweise einen großen Vorsprung in den Fächern Psychologie und Psychosomatik, fand Medikamentenlehre spannend (auch wenn Chemie und Physik sich mir ebenso wenig erschlossen wie in der Schule) und war tief beeindruckt von der Entwicklungspsychologie und all den vielen Schritten, die ein kleiner Mensch geht und geführt wird, bevor er ein großer Mensch wird. Eine ganz neue Achtung vor dem menschlichen Körper und der Schönheit der Schöpfung erfüllte mich, auch wenn sich das keineswegs sofort auf den Umgang mit mir selbst auswirkte.

Noch mehr aber als den Unterricht liebte ich die praktische Arbeit auf den Stationen. Irgendwo tief verborgen hatte die „gute Schülerin" in mir wohl überlebt, jedenfalls machte es mir keine Mühe, den Anweisungen der Schwestern zu folgen. Ich war pünktlich und ordentlich und nicht der Meinung, über jede Anordnung länger diskutieren zu müssen, und fügte mich mit wenigen Ausnahmen gut in die von Station zu Station unterschiedlichen Abläufe ein.

Nachdem ich eine gewisse Erfahrung erworben hatte, merkte ich – wie alle anderen auch –, mit welchen Kindern und auch mit welchen Krankheitsbildern ich besser zurechtkam als mit anderen.

Intensiv hineingenommen und tief berührt war ich von der Arbeit und dem Leben auf der Kinderkrebsstation, der Onkologie, auf die ich schon am Ende des ersten Ausbildungsjahres und dann im dritten Jahr noch einmal für längere Zeit kam. Offenbar waren meine Unterrichtsschwestern der Meinung, mir das zumuten zu können – und sie taten mir damit einen großen Gefallen. Abgesehen von der hochinteressanten und differenzierten Pflege, die wir hier lernten, gab es letztlich nur ein wichtiges Thema auf der Station: Leben und Tod. Mein Thema. Ohne dass ich

irgendjemandem von meinen eigenen Erfahrungen erzählte, tauchte ich tief ein in dieses Ringen, in das Suchen, Fragen, Hoffen, Kämpfen, das den Alltag auf der Station
bestimmte. Die Kinder, Eltern, Schwestern, Ärzte, Seel-
sorger und Sozialarbeiter lebten alle und ständig in diesem
Horizont des „Wo, Wann und Wie". Wie groß war die
Freude, wenn eine Therapie anschlug, wie tief der gemeinsame Schmerz, wenn bei einem Kind ein Rückfall oder
schon der zweite, gar dritte diagnostiziert wurde. Alle Fragen, alle Ängste, alle Hoffnung, die ich bisher immer nur
allein versucht hatte zu ertragen, waren hier an der Tages-
ordnung, „normal" – weil sie zu dem Leben gehörten, das
sich hier abspielte, zu dem Raum, in dem sich alle miteinander bewegten. Jedes einzelne Kind, das ich tatsächlich beim Sterben begleitet habe, ist mir bis heute noch genau in Erinnerung geblieben – diese Kinder in ihren
letzten Lebenstagen begleiten zu dürfen, war wie eine Ein-
weihung in ein großes Geheimnis, das ich bis dahin nur
vom Hörensagen kannte und als etwas Entsetzliches
fürchtete. Und ohne Frage ist der Tod eines Kindes entsetzlich – in den verzweifelten Wochen zuvor und auf jeden Fall für die Angehörigen. Die letzten Augenblicke mit
den Kindern aber waren es nicht. Die Kinder wurden ruhig, sie wurden sehr weit, manche lächelten. In einigen
dieser Momente meinte ich, von der unendlich leeren
Fülle voller Geborgenheit und Freiheit etwas zu spüren,
wie sie mir zum ersten Mal in Israel und später in den
Zen-Malereien begegnet war. Manche Eltern, manche
Schwestern, manche Pfarrer und Pfarrerinnen, die zum
Stationsteam gehörten, sprachen von Engeln, von Gott,
von Christus. Ich wusste nicht, wie ich dieses beglückende,
erfüllte, lebensvolle Nichts nennen sollte. Es war mir zu
diesem Zeitpunkt nicht wichtig. Viel wichtiger war, dass

ich lernte, keine Angst mehr davor zu haben. Der neunjährige Jan, der nach einer gescheiterten Knochenmarkstransplantation in einem absolut sterilen Sauerstoffzelt lag und auf den Tod wartete und den ich bis zum Schluss pflegte, nahm eines Tages meine Hand, schaute mich an und sagte einfach: „Barbara, du brauchst keine Angst zu haben. Es ist nicht schlimm." Ich hatte mit ihm nie über Angst gesprochen, aber er hatte meine Angst gespürt und sie mir einfach genommen. Wenige Stunden später war er tot, glitt einfach hinweg mit einem leisen Ausatmen.

Ich weinte über seinen Tod wie alle auf der Station. Aber ich hatte tatsächlich keine Angst mehr um ihn und um alle anderen auch nicht mehr. Dieses Kind hat mir die Augen geöffnet für eine namenlose Weite, derer ich mir nun sicher war.

Das Stationsteam hatte regelmäßig für seine Arbeit supervisorische Begleitung, an der wir Schülerinnen aber nicht teilnahmen. Zwar sprachen die Stationsschwestern und Unterrichtsschwestern mit uns über unsere Erfahrungen, aber natürlich hatte der Stationsalltag immer Vorrang. So mussten wir letztlich selbst zusehen, wie wir mit unseren Eindrücken umgingen.

In den Jahren der Ausbildung und in den abgründigen Jahren davor gab es aus meiner Familie nur einen Menschen, mit dem ich einen halbwegs kontinuierlichen, wenn auch sehr sporadischen Kontakt hatte. Das war meine Oma. Ihr verdanke ich meinen jetzigen Namen, und von ihr zu erzählen, gehört hierher.

Oma, die Mutter meiner Mutter, hieß Käthe und lebte in der Lunder Straße im Ostberliner Stadtteil Pankow. Märchenhafte Geschichten rankten sich um sie, und sie selbst trug einiges dazu bei, diesen Schimmer des Geheimnisvollen zu verstärken – den Rest ersetzte bereitwillig meine Phantasie. Käthe war 1909 als Tochter des reichen deutschen Kaufmanns Rehm in Lettlands Hauptstadt Riga geboren worden und wuchs in einem großen Bürgerhaus mit Blick auf die verheißungsvolle Weite des Rigaer Hafens auf, in einer Welt, die eigentlich noch zum 19. Jahrhundert gehörte. Sie genoss eine umfassende und hervorragende Bildung, was für ein Mädchen ihrer Generation ganz erstaunlich war. Im Haus große, weit geschwungene Treppen in einer luftigen Eingangshalle, die oberen Zimmer mit großzügigen Balkons, über denen die Möwen kreisten, während die Gischt der Brandungswellen die Gesichter der heranwachsenden, lebenshungrigen Baltendeutschen umsprühte, zu denen meine Oma als junges Mädchen ohne Zweifel gehörte – so stelle ich mir die Umgebung der jungen Käthe vor. Bälle und Musik bestimmten ihren Alltag im Hause Rehm ebenso wie Reitunterricht und die Malklasse an der Rigaer Kunstakademie. Und Oma war eine Schönheit – alte Fotografien zeigen das. Es muss kaum extra gesagt werden, dass die vornehmen Söhne der Rigaer Gesellschaft sie umwarben, und es unterstreicht nur die melancholische Note in ihrer Lebensgeschichte, dass der junge russische Offizier, der schließlich von ihr erhört wurde, im Krieg fiel, ehe er die schöne Deutsche in die Weiten der russischen Taiga entführen konnte. Bevor er aber zu Ehren des Zarenreiches in den Krieg gezogen war, hatte er seiner Verlobten einen Diamantring von nicht geringer Größe vermacht, der als einziges ihrer ehemals unzähligen Schmuckstücke später auf der Flucht nicht als Zahlungsmittel für eine Scheibe Brot herhalten musste. In der Windel des jüngsten Sohnes fristete er ein sicheres Dasein und konnte so meiner Mutter bei ihrer Hochzeit weitergegeben werden. Und weil meine Hochzeit zu lange auf sich warten ließ und meine Mutter manchmal zur Ungeduld neigt, bekam ich den Familiendiamanten vergleichsweise profan anlässlich der bestandenen Führerscheinprüfung überreicht. Er ist heute neben dem Vornamen mein einziges Erbstück von dieser wunderbaren Oma.

War es dieser Stein oder vielleicht doch ihr gebrochener und dabei unbezwingbarer Lebenswille, der mich ihr verbunden sein ließ? Nach Krieg, Heirat und Scheidung, Flucht und Entnazifizierung lebte Oma in erbärmlichen Verhältnissen im Bezirk Pankow, der auf der anderen Seite der Mauer den Wedding fortsetzte. Ihre kleine „Einraumwohnung" war immer schmutzig, es roch dort nach ungewaschener Wäsche, und benutztes Geschirr stapelte sich tagelang in dem kleinen Spülbecken in der Küche. Nicht dass die „Soli-Frau", also die staatlich bestellte Hilfskraft von der „Volkssolidarität", zu langsam gearbeitet hätte; aber viel lieber trank meine Oma mit der seltenen Gesellschafterin Kaffee und rauchte schachtelweise Kabinett-Zigaretten, als sie dem Haushalt zu überlassen. Oma liebte Bücher. Sie verschlang Bücher, sie atmete sie ein, sie besaß auch nichts anderes außer hunderten von Büchern und Pflanzen, die bei ihr allein durch ihre bloße Gegenwart gediehen und wucherten wie in einem tropischen Regenwald. Beides, die Liebe zu den Büchern und eine unschuldige Begabung für die Pflege von Zimmerpflanzen, habe ich in direkter Linie von ihr geerbt. Manches andere auch.

Oma lebte außerhalb der Zeit und der realen Welt – oder was man im Allgemeinen dafür hält –, und das tat ich ja auch, so konnten wir uns gut dort treffen. Wir sprachen niemals über mich, das hätte ich nicht erlaubt. Aber sie erzählte mir aus ihrem früheren Leben: Wie sie nach der Russischen Revolution, wie so viele andere Baltendeutsche, fliehen musste. Wie sie dann in Hannover im Lette-Haus ihre künstlerische Ausbildung beenden sollte, die sie in Riga begonnen hatte. Oma konnte malen. Wenn sie nicht las, malte sie mit allem, was irgendwie Farbe von sich gab, und auch auf alle Materialien, die Farben und Linien aufnahmen. Nach ihrem Tod habe ich Haushaltsbücher, Schulhefte ihrer Kinder, Einkaufszettel, Bücherseiten und Rezepte gefunden, die kleine und große Gemälde von ihr trugen. Oma war eine der ungezählten Frauen, deren Talent sich eben auf Einkaufszettel und Butterbrotpapier ergießen musste. Aus Hannover zog sie mit ihrem ersten Mann nach Berlin. Ihr leiblicher Bruder war ein führendes Mitglied in Adolf Hitlers persönlichem Stab gewesen, und dieselbe Frau, die mit Hingabe Shakespeare, Heine, Brecht, Böll und Borchert las, konnte mit einem nicht zu unterdrückenden Funken von Stolz erzählen, dass der „Führer" ihre eigene Tochter – meine Mutter – auf dem Arm gehabt und geherzt hatte. Vielleicht erschrak ich deshalb so, als ich in meiner Schulzeit erfuhr, was dieser „Kinderfreund" Millionen anderer Kinder angetan hatte? Oma war selbstverständlich mehrfache und stolze Mutterkreuzträgerin, bevor sie schließlich allein mit ihren fünf Kindern fliehen musste. Die jüngere Tochter Nora starb unterwegs an Diphterie, die anderen überlebten knapp. Oma wurde von russischen Soldaten immer wieder vergewaltigt, überlebte auch dies, ertrug die Nachricht, dass ihr Mann und Vater ihrer Kinder im Westen eine andere, weniger von der Kindererziehung beanspruchte Frau gefunden hatte – und kehrte irgendwann mit den Kindern in den Osten Berlins zurück. Sie wandelte sich zu einer überzeugten – und zwar wirklich: überzeugten! – Kommunistin und arbeitete als Akkordarbeiterin im Kraftwerk Klingenberg, während meine heranwachsende Mutter sich um ihre Brüder, die Wohnung und sich selbst kümmerte und das Essen organisieren musste. Omas eigentliches Leben fand vor allem nachts statt, mit ihren Büchern, ihren Zigaretten, ihren nicht gelebten Hoffnungen. Irgendwann traf sie einen anderen Mann, den sie von Herzen liebte – und er sie. Ein knappes Jahr hatten sie gemeinsam, bevor Franz starb. Meine Mutter hatte es mit ihrer Mutter bei alldem nicht leicht. Als Enkelin hörte ich staunend diesen Geschichten zu und begann meine Mutter zu verstehen, mich selbst, das Drama unserer Geschichte, einer Geschichte aus Deutschland. Ich rauchte und trank und diskutierte mit meiner Oma über das Leben, den Tod und die Notwendigkeit, Widerstand zu leisten gegen alles, was das Leben bedroht (dass ich es selbst sein könnte, hatte ich dabei vermutlich noch nicht im Blick), über den Segen und die Gefahren des Sozialismus, zumal des real existierenden, über die Grünen im Westen und die Friedensbewegten im Osten und über die nächsten Wahlen, bevor ich wieder in den Westen und das scheinbar normale Leben zurückfuhr – immerhin mit dem guten Gefühl, dass Oma und ich uns einig waren, was die Rettung der Welt betraf.

Meine Oma hatte alle paar Monate Lust zu sterben, was ich ihr angesichts ihrer desolaten Lebensumstände nicht verdenken konnte. Als diese Lust sie wieder einmal überkam und ihr körperlicher Zustand sich erwartungsgemäß verschlechterte (sie hatte eine geheimnisvolle Macht über ihren Körper, konnte Krankheitssymptome erzeugen und wieder verschwinden lassen und sich so überzeugend dem Leben entziehen, dass sie tatsächlich bald zu sterben schien), überlegten wir gemeinsam, was sie mir noch hinterlassen wollte. Dabei ging es nicht um materielle Dinge – die Bücher und der Familiendiamant waren mir ja schon zugesagt –, sondern um so etwas wie eine Beziehungskraft, die über den leiblichen Tod hinaus wirken sollte. Schließlich wurde uns bewusst, dass viele Frauen dieser mütterlichen Familienlinie den Namen „Katharina" oder eine Kurzform trugen. Meine Mutter heißt Karin, die Oma Käthe, eine ihrer Tanten hieß Katja. Nur ich hieß Barbara, weil mein Vater das so wollte und meine Mutter die Alternative „Franziska" nicht durchgesetzt hatte. Und so beschlossen Oma und ich nach einer weiteren durchrauchten Nacht, dass ich den Namen Katharina annehmen würde und mich so in eine direkte Beziehung zu ihr setzen würde, ganz gleich in welcher Welt sie lebte.

Ich wusste damals nicht viel von der Kraft der Namen und auch nicht, welche Bedeutung die Namensgebung in den Religionen hat. Ich wusste nur, dass es das war, was sein musste, und zwar genau jetzt. Ein neuer Name. Katharina. Das klang hell und kraftvoll wie ein neues Leben.

Mit Omas ebenso entzücktem wie augenzwinkerndem Einverständnis ging ich fröhlich und unbedarft in das Westberliner Einwohnermeldeamt und bat um die Eintragung eines zweiten Vornamens, nämlich des Namens Katharina, in meinen Pass. Der zuständige Sachbearbeiter musterte mich kritisch und kam wohl zu dem Schluss, dass so viel Naivität und Unverfrorenheit nicht unbedingt auf verbrecherische Absichten schließen ließen. Meinen Wunsch konnte oder wollte er dennoch nicht erfüllen. So eine Namensänderung ohne zwingenden Grund – und Omas bevorstehender Tod oder mein Wunsch nach einem Identitätswandel galten nicht als hinreichend zwingend – sei leider Urkundenfälschung und mithin strafbar. Auf meine Nachfrage, was denn vor den Augen der Staatsmacht als zwingender Grund gelte, antwortete er mir allen Ernstes: „Sie könnten vielleicht Transvestit sein und eine Geschlechtsumwandlung anstreben, dann bekämen Sie selbstverständlich einen neuen Vornamen." Danach aber strebte ich nun nicht. Ob es denn gar keine andere Möglichkeit gäbe, fragte ich ihn bettelnd und augenklimpernd. „Doch", sagte er dienstbeflissen, „Sie könnten auch zum Islam übertreten, auch das würde eine Namensänderung ermöglichen." Islam. Ich sah sofort einen jungen Araber vor mir. Nein, das nicht.

Bevor mich irgendeine gut verborgene Erinnerung ernsthaft treffen konnte, überraschte mich ein anderer Gedankenblitz: „Wie wäre es denn mit der Taufe?", fragte ich ihn munter. „Ist die dem Übertritt zum Islam vielleicht gleichgestellt vor dem Gesetz?" Überraschenderweise verneinte er dies. Aber, immerhin, so überlegte er, im Kirchenrecht würde ich dann sicher auch zusätzlich mit meinem Taufnamen geführt werden.

Es war mir egal, nach welchem Recht ich zu meinem Namen kam. Aber ich wollte seltsam dringend und unbedingt, dass mir dieser neue Name zugesprochen wurde, und zwar in einem offiziellen Rahmen, schriftlich beurkundet und außerdem vor Zeugen. Ich hatte wirklich keine Ahnung, warum mir diese äußerlich verbriefte und sozusagen ritualisierte Form so wichtig war. Ich wusste nur, dass es mir sehr ernst damit war. Also musste ich wohl mit einem Christen sprechen, genauer: Mit einem christlichen Pfarrer, der über „Brief und Siegel" verfügte.

So suchte ich nach einer christlichen Gemeinde in meiner Nähe und fand eine kleine, sehr moderne und allerdings von außen eher unscheinbare Kirche, die zwischen zwei

Wohnhäuser gezwängt war. Obwohl immerhin der Turm durchaus zu sehen war, hatte ich sie bisher nie wahrgenommen. Dass ich die evangelische und nicht die katholische Kirche suchte, war nur Ausdruck meiner Unsicherheit – die katholische Kirche schien mir in dieser Unwissenheit noch viel „mehr" Kirche zu sein als die evangelische, und für den Anfang und mein durchaus etwas bizarres Anliegen schien mir etwas „weniger" Kirche durchaus ausreichend.

So ging ich also wenige Tage später gewappnet mit Mut und jeder Menge gut gepflegter und tief sitzender Vorurteile („Christen sind entweder unpolitisch und langweilig oder fundamentalistisch, als solche haben sie die Judenvernichtung zu verantworten, die Kreuzzüge entfesselt und die Hexen verbrannt, außerdem sind sie per se frauenfeindlich, intolerant und reaktionär") in Richtung Gemeindebüro. Ich stellte mich auf den Pfarrer ein, der mir gleich begegnen würde: Bestimmt eher kleinwüchsig, außerdem dicklich, entweder kühl-höflich-arrogant oder unangenehm aufdringlich und „erlöst". Meine diesbezügliche Arroganz war wirklich kaum zu überbieten. Auf mein Klingeln öffnete mir eine große, schlanke, ausgesprochen schöne und klar blickende Frau die Tür. Sie trug eine weiße Leinenhose und eine ebensolche Bluse und dezenten, dabei sehr eleganten Schmuck. Ich nannte meinen Namen und sagte, dass ich den Pfarrer sprechen wollte. Sie schaute mich lächelnd an und sagte: „Er steht vor Ihnen."

So lernte ich Jutta Becker kennen. Während ich das erste Vorurteil also schon kampflos aufgeben musste – ganz offensichtlich waren nicht alle Pfarrer ältlich und dicklich –, hielt ich an meinen anderen „Gewissheiten" beharrlicher fest. Ich machte Pfarrerin Becker klar, dass ich keineswegs bereit sei, alles zu glauben, was eine Christin vielleicht glauben müsste, weil ich die Kirchengeschichte gut genug zu kennen glaubte, um meine Zweifel an diesem Glauben zu haben. Dass ich aber gleichwohl gerne getauft werden wollte, um zu meinem neuen Namen zu kommen.

Dass Jutta mich damals weder ausgelacht noch höflich verabschiedet hat, werde ich ihr nie genug danken können. Im Gegenteil: Sie hörte sich mit ernstem Gesicht meine gleichzeitig ziemlich steile und dabei kindliche Rede an, bat mich hinein und ließ sich erzählen, woher ich käme und wonach ich denn suchte. Diese Ernsthaftigkeit war umso bewundernswerter angesichts der Erscheinung, die sie mit mir vor sich hatte: die kurzen Stoppelhaare weißblond gefärbt, im Gesicht eine große rote Brille, hinter der ich mich versteckte, einen mit bunten Fäden umwickelten Zopf im Nacken, steckte ich in uralten, ausgewaschenen Jeans, einem grauen schlabberigen Pullover und schwarzer Lederjacke und hatte eine Zigarette im Mund, kaum dass ich die Erlaubnis zum Rauchen erbeten hatte. Jutta ließ sich davon nicht beirren, hörte sich meine Anklagen gegen die Christenheit ruhig an, nahm mich ernst und beendete unser Gespräch fürs Erste mit dem Hinweis, dass ich in vielen Punkten recht hätte, dass es eben deshalb wichtig sei, dass Christen in der Kirche das Gedenken an diese Schuldverstrickungen wachhielten und mit daran arbeiteten, dass sich das nicht wiederhole. Eben wegen all der Punkte, die ich genannt hatte, sei es wichtig, die Theologie des Christentums aufmerksam und kritisch anzuschauen und unter dem Vorzeichen der Ereignisse des 20. Jahrhunderts, wo nötig, auch neu zu formulieren, ohne dabei den uralten kostbaren Schatz zu verlieren, der alldem zugrunde läge. Unter anderem deshalb freue sie sich über jeden Menschen, der sich nicht in Klischees einhüllen und mitdenken wolle, und wenn ich Lust hätte und diese Fragen mir wirklich wichtig seien, könne ich gern wiederkommen und wir könnten weiterreden.

Das tat ich. Mit dieser bescheidenen und zugleich weitsichtigen Antwort hatte ich nicht gerechnet. Selbstverständlich hatte ich eine Ablehnung meiner harschen Einseitigkeit oder eine gewissen Beschönigung oder Abwiegelung erwartet. Nicht aber die Nachricht, dass ich als Gesprächspartnerin willkommen sei und ein interessanter Weg vor mir liegen könnte.

Jutta forderte mich in den vielen folgenden Gesprächen sehr klug und elegant heraus und faszinierte mich mit der Brillanz ihrer Argumente, aber mehr noch mit ihrem tiefen Glauben an einen Gott, den ich immer wieder einmal geahnt hatte, an den zu glauben ich mir aber längst versagt hatte. Vor allem deshalb, weil dieser Gott zuerst und vor allem der Gott Israels war – und der Zugang zu Israel war mir vollständig versperrt.

Eines Tages nahm ich mir vor, Jutta nun mit meinem jüdischen „Vorwissen" zu konfrontieren und von dort aus die christliche Theologie – soweit ich überhaupt eine Vorstellung davon hatte – und insbesondere die Vorstellung anzugreifen, dass „ihr" Jesus der Messias sein könnte. Alles, aber wirklich alles, was ich bisher gehört hatte, sprach doch dagegen. Kein Friede auf Erden, nirgends. Am allerwenigsten zwischen den Christen oder gar von den Christen ausgehend. Was für ein Messias sollte das sein, in dessen Namen auch noch zweitausend Jahre später immer nur Kriege geführt wurden, dessen Kirche in unversöhnliche Konfessionen auseinanderfiel und dessen Diener sich bestenfalls vereinzelt um die wirklichen Nöte der Welt kümmerten!

Was ich nicht wissen konnte war, dass Jutta sich wesentlich besser in den jüdischen Schriften auskannte als ich. Sie war selbst zum Studium in Israel gewesen und in dem Themenbereich ganz zu Hause. Wie hätte ich das ahnen können? Dass sich ausgerechnet in dieser kleinen und unspektakulären Kreuzberger Gemeinde, zu der ich „zufällig" durch meinen Wohnort gehörte, so viel christlich-jüdische Kompetenz versammelte. Zufall. Schicksal. Fügung. In dieser Reihenfolge wertete ich dieses Ereignis und nenne es heute nur so: Fügung.

Jedenfalls begann über Monate hinweg ein intensives, zumeist nächtliches und durchaus immer wieder kontroverses Gespräch zwischen uns – über Religion und Religionen, über Judentum und Christentum, über die Heilige Schrift der Juden und die christliche Bibel, über Gott und die Welt. Dabei saßen wir auf Juttas rotem Sofa – längst waren wir aus dem nüchternen Gemeindebüro in ihre Wohnung umgezogen und redeten bis in die Morgenstunden, bis ich übernächtigt, aber hellwach wieder ins Krankenhaus ging, um den Frühdienst zu übernehmen und kranke Kinder zu baden und aufmerksam der Visite zu folgen. All das führte zu einer überaus lebendigen Wahrnehmung, die mich wie elektrisierte: Mein Verstand war gefordert wie lange nicht mehr, mein Herz litt und freute sich mit kranken und hoffentlich genesenden Kindern und versuchte, die nächtlichen Diskussionen mit den Fragen einer verzweifelnden Mutter in Verbindung zu setzen, deren Kind es möglicherweise nicht schaffen würde, seine Krankheit zu überleben. Endlich, endlich war ich den größten Teil des Tages frei von mir selbst und der Angst vor dem Leben – ich lebte einfach.

Dennoch habe ich Jutta damals nicht erzählt, was eigentlich hinter mir lag und worunter ich noch immer litt.

Mein Essverhalten hatte sich so weit stabilisiert, dass ich meinen Alltag bestehen konnte. Aber noch immer erbrach ich den größeren Teil all dessen, was ich gegessen hatte, es war inzwischen so „normal" wie das Zähneputzen danach. Auch lehnte ich weiterhin jede Erinnerung an alles ab, was hinter mir lag. Ich wollte es so haben: Hinter mir nur ein weißes, leeres Feld und erst jetzt gab es mich wieder. Alle Fragen nach meiner Vergangenheit beantwortete ich ausweichend.

Auch gegenüber Jutta kleidete ich meine eigenen existenziellen Fragen in die großen Menschheitsfragen: Warum lässt Gott das Böse zu? Warum muss ein armer, weiser jüdischer Mann aus dem völlig unbedeutenden Nazareth so elend sterben, damit die Menschen erlöst werden können? Was ist das denn für ein Gott, der so etwas fordert? Warum mussten die Juden in den Lagern sterben? Warum sind die Mörder nicht vernichtet worden von diesem Gott? Warum dürfen Menschen überhaupt anderen Menschen Gewalt antun? Und schließlich: Würde denn „euer" Gott auch einen Menschen akzeptieren, der schuldig geworden ist an sich selbst? Der sich selbst vernichtet oder vernichten wollte? Immer sprach ich nur auf dieser abstrakten Ebene, und Jutta hielt mit mir dort aus und antwortete, konfrontierte mich schonungslos mit Unlogik und Polemik, wenn sie sie in meinen Argumenten fand, studierte mit mir die Bibel, den Talmud, die Kirchenväter und andere Zeugnisse der jüdischen und christlichen Tradition. Niemals auch nur mit einer Andeutung von Überredung, sondern einfach sachlich, informierend, manchmal streitlustig und immer so lange, bis ein Thema wirklich so weit klar war, wie es im Moment eben zu klären war. Auch das rechnete ich ihr hoch an: dass sie niemals vorgab, etwas zu wissen, das weder sie noch sonst

ein Mensch wissen kann. Immer ließ sie ihren so faszinie-
renden und herausfordernd liebenden und diesseitigen
Gott eben Gott sein – und damit war er immer auch ein
ganz anderer, unbegreiflicher, ferner, manchmal erschre-
ckender Gott. Damit konnte ich viel besser umgehen als
mit einem nur lieben, einem lieblichen Gottesbild – denn
wenn ich einen erlebt hatte, dann hatte ich diesen schreck-
lichen Gott erlebt. Nun suchte ich den, der sich erbarmte
und Frieden verhieß. Auch mir Frieden verhieß. Ohne
dass ich es selbst damals hätte formulieren können, suchte
ich nach der Begegnung mit Ihm. Nach einer ganz persönlichen, direkten Begegnung mit diesem Gott, den ich
ebenso fürchtete wie ersehnte. Ich sehnte mich nach einer
wirklichen Begegnung mit diesem Gott, der mir zeigen
sollte, dass Er mich nicht verachtete, auch wenn ich vielleicht gescheitert war, auch wenn ich dem Schicksal, das
mir begegnet war, nicht immer nur tapfer standgehalten
hatte.

Ich wollte von der Liebe dieses Gottes, an den zu glauben ich mich nicht für würdig hielt, überwältigt werden –
und Jutta sollte mir den Weg dahin weisen.

In all den Monaten gab es allerdings auch Augenblicke,
in denen die Gegenwart des unfassbaren Gottes für mich
ganz fraglos war: das waren die Gottesdienste, die Jutta
leitete, und ganz besonders die, in denen das Abendmahl
gefeiert wurde. Vielleicht hatte ich einiges von dem his-
torischen und theologischen Hintergrund verstanden,
wirklich begreifen konnte ich nicht, was da geschah –
aber ich konnte es spüren. Eine andere Präsenz schien
den Raum zu erfüllen, die Vorstellung, dass Gott sich in
einem Stück Brot – ausgerechnet einem Stück Brot, das
für mich so lange Zeit Zeichen eines heftigen Kampfes
gewesen war – fühlen, schmecken, erfahren ließ, überwäl-

tigte mich. Zu gerne wollte ich selbst daran teilhaben, verstand aber den Hinweis, dass das vor der Taufe nur in Ausnahmefällen sinnvoll sei. So war es gerade das Erleben der Abendmahlsgottesdienste, die den Wunsch ganz neu verstärkten, mich taufen zu lassen. Offensichtlich war die Taufe auch ein Tor, durch das ich in jene andere Wirklichkeit eintreten konnte. Jutta nannte diese Wirklichkeit einfach die Gegenwart Gottes oder, nach dem biblischen Sprachgebrauch, das „Reich Gottes". Mit diesem Begriff hatte und habe ich allerdings bis heute Schwierigkeiten: zu sehr ist in meiner Assoziation der Begriff „Reich" von wüstem Sportpalast-Grölen und geifernden Fistelstimmen belastet, zu aufdringlich sind die Bilder von schwarzen Stiefeln und weiß-rot überkreuzten Fahnen.

Der Begriff „Gegenwart Gottes" fasst die eigentlich gemeinte Wirklichkeit für mich ganz und gar: eingewoben in Zeit und Raum ist sie – ist Er, dieser Ewige – einfach da.

So ahnte ich mehr und mehr, dass es auf diesem Weg zur Taufe und danach erst recht möglicherweise eine Dimension von Leben zu entdecken gäbe, die ich so noch nicht kennengelernt hatte. Wohl hatte es Momente gegeben, in denen das Leben seltsam hell wurde, die Welten einander berührten, ich das Gefühl hatte, zugehörig und in einen anderen Raum eingewoben zu sein. Aber das waren kurze Augenblicke gewesen, meist zufällig, ohne einen für mich erkennbaren Zusammenhang hatten sie sich hier und dort ereignet. Immer noch hatte ich noch keinen wirklichen geistigen und geistlichen Ort, an den ich gehörte, keine Verortung oder einen spirituellen Raum, in dem ich verweilen konnte, von dem aus ich meine Streifzüge durch dieses Leben beginnen und in den ich sie auch wieder einmünden lassen konnte. Einen Raum, in dem es vielleicht auch keine Magersucht und keine Bulimie, vielleicht sogar keine Angst mehr vor der Zukunft und vor allem weniger Angst vor der Vergangenheit gab. Letzteres sagte ich Jutta allerdings immer noch nicht. Aber ich fragte sie, ob sie mir nun etwas über den Weg erzählen könnte, der zur Taufe führt, was dort genau geschieht (welch kühne Frage) und was danach wäre. Ob sich danach irgendetwas ändern würde. Sie blieb vorerst bei der Beantwortung der ersten Frage.

Wir studierten miteinander das Buch des Berliner Professors Peter von der Osten-Sacken „Katechismus und Siddur", in dem er den Katechismus Martin Luthers mit den Glaubensaussagen und Anweisungen zum praktischen Leben des jüdischen Gebetbuches verglich, und fragten dabei immer wieder nach der Bedeutung für unser eigenes Leben. Ich leugnete nicht mehr, dass ich nicht nur verstehen, sondern glauben wollte. Ich wollte wirklich eine Beziehung zu diesem fremd-vertrauten Gott und seinem „Sohn aus jüdischen Landen" leben, denn dieser Gott schien bei all seiner Unberechenbarkeit das Verlässlichste, was es in dieser Welt gab. Er schien tatsächlich der zu sein, der tiefer war als der Abgrund und größer als die Angst. Er schien der zu sein, der trotz allem Licht und Leben verhieß und allen Umständen zum Trotz an diesem Leben festhielt. Sein auserwähltes und immer wieder fast zu Tode geprügeltes Volk lebte schließlich immer noch. Es war dieses unverschämte „Trotzdem", das mich fand. Ich kannte es schon von meiner Oma, die mit diesem einen Wort „Trotzdem" ihr Leben überlebt hatte, ich fand es in den biblischen Geschichten, besonders in denen des Ersten Testaments und hier vor allem in den Worten der unverschämten und gottverliebten Propheten, ich fand es schließlich in der Lebensbeschreibung dieses jüdischen Wanderpredigers Jesus, dessen Wege ich in Israel nachgegangen war – die äußeren allemal, die inneren vielleicht auch, ohne es zu wissen oder wahrhaben zu wollen. Trotzdem. Trotzdem leben. Dem Tod nicht das letzte Wort lassen.

Dazu brauchte ich eine Kraft, die über meine eigene hinausging. Und wenn die Taufe dazu ein Weg sein konnte und wenn in dieser Gruppe der Getauften Menschen wie Jutta und ihr kluger Mann mit offenem Herzen und kritischem Geist leben konnten, dann wäre das einen Versuch wert.

Am 3. Juni 1990, dem Pfingstsonntag, wurde ich in unserer Kirche getauft und erhielt den Taufnamen Katharina. An diesem Tag empfing ich zum ersten Mal das Abendmahl. Dieses kleine Stück Brot, den kleinen Schluck Wein. Das Essbare, das ganz einfache Grundnahrungsmittel als Zeichen der Verbundenheit. Und ausgerechnet ein Stück Brot, das mir früher ein Zeichen des Verzichts, des Todes gewesen war, wurde wirklich und wahrhaftig zum Brot des Lebens.

In der Folge konnte ich die monatlichen Abendmahlsgottesdienste kaum erwarten. So sehr mich die Diskussionen über Theologie und Kirche fesselten und meinen Verstand anspornten, so kindlich schlicht wartete ich auf den ersten Sonntag im Monat und auf dieses kleine Stück Brot. Es war, als ob erst dadurch mein Leib von innen her ganz, ganz langsam, Millimeter für Millimeter neu erfüllt, gereinigt und erneuert würde. Ohne dass ich mich dazu zwingen musste, habe ich an den Sonntagen, an denen wir einen Abendmahlsgottesdienst gefeiert haben, niemals erbrochen. Diese hauchzarte, feine, wehrlose Gegenwart in meinem Leib wollte ich nicht verletzen. Natürlich ist das rational nicht fassbar, mag theologisch sogar fragwürdig sein. Aber es war wirksam und alles andere war und ist daneben zweitrangig.

Dass inzwischen eine friedliche Revolution im Osten Deutschlands stattgefunden hatte, dass die Stadt nicht mehr geteilt war, dass Deutschland die bewegendste Zeit seit Kriegsende erlebte, ging an meiner Wahrnehmung weitgehend vorüber. Am 9. November 1989 war ich in Hamburg und erlebte die Maueröffnung bei Freunden vor dem Fernsehapparat. Wesentliche Dinge aus dieser Zeit muss ich noch heute nachlesen. Ich versuchte in dieser Zeit nur, mein Überleben zu sichern und in eine Form von Leben zu übersetzen, die diesen Namen verdient.

Damit allerdings war es mir sehr ernst. Ich wusste, dass ich mein Leben radikal ändern musste, wenn ich eine wirkliche Lebenschance haben wollte, und zwar vor allem mein inneres Leben. Dennoch vollzog sich zunächst die äußere Veränderung, weil ich immer noch nicht wusste, was ich zu meiner inneren Heilung tun könnte, ja vielleicht nicht einmal, dass ich von dieser noch sehr weit entfernt war. So verabschiedete ich mich von den WG-Frauen, die meinen neuen Bezug zur Kirche ohnehin nicht verstanden und es im Wesentlichen für einen neuen Beweis meiner psychischen Instabilität hielten, und zog mit den nötigsten Sachen in ein kleines Zimmerchen im Gemeindehaus. Jutta hatte im Gemeindekirchenrat erwirkt, dass ich dieses meist leer stehende Zimmer für einen geringen Preis mieten konnte, außerdem durfte ich die Küche des Gemeindehauses und die Toilette auf halber Treppe mitbenutzen. Zum Duschen ging ich eine Straße weiter in Juttas Wohnung, vermutlich hat sie auch meine Wäsche in dieser Zeit mitgewaschen.

Jutta hat damals wesentlich zu meinem Überleben beigetragen, und so habe ich sie in Erinnerung: als eine
Frau, die mit größter Selbstverständlichkeit mein physi-
sches Leben sicherte und meinem müden und verwirrten
Geist eine neue Richtung gab, obwohl auch sie nicht
wusste, was mir fehlte.

Denn natürlich bewirkte die Taufe selbst nicht plötzlich das Verschwinden aller Symptome. Zwar durchlief
ich die Ausbildung zur Kinderkrankenschwester mit
Erfolg, aber „Essen und Nichtessen" war weiterhin *das*
heimliche Thema, das mein Handeln und Denken bestimmte. Ich war weiterhin von heftigen Stimmungs-
schwankungen geschüttelt, war immer häufiger sehr
krank, durchlitt unerklärbare Fieberschübe, starke Infek-
tionen, Grippesymptome, starke Migräneattacken, hatte
dauernd Rückenschmerzen – und wusste nicht, was mir
fehlte. Jutta pflegte mich, hielt mich aus mit meinen seltsamen physischen und psychischen Schwankungen, litt
mit, wenn eine unerklärliche Verzweiflung mich überschwemmte, deren Grund ich selbst nicht benennen
konnte, und hielt in all dem die Frage und die Sehnsucht
nach dem Leben in mir wach. Schließlich riet mir eine
mit Jutta befreundete Hausärztin, doch einmal so etwas
wie eine körperorientierte Therapie zu versuchen. Sie vermittelte den Kontakt zu einer Therapeutin in der Nähe,
und fortan ging ich einmal in der Woche zu einer Atem-
und Körpertherapie. Ich habe keine weiteren Erinnerungen an diese Arbeit, nur der Behandlungsraum ist mir
noch vor Augen. Viel mehr bewegte mich die Tatsache,
dass Jutta diese Behandlung finanziell unterstützte, da sie
von den Krankenkassen nicht bezahlt wurde. Dass sie zu
allem anderen auch das noch tat, zeigte mir überdeutlich,
dass ich ihr offenbar wirklich etwas bedeutete, ohne dass

sie das Geringste von mir forderte. Diese Erkenntnis hat mich überwältigt, und ich wollte wirklich gesund werden. Und wusste doch nicht wie.

IX

Es muss doch irgendwo sein

Ein Jahr nach meiner Taufe fand in Dortmund und Essen der Deutsche Evangelische Kirchentag statt – dreieinhalb Tage und tausend Veranstaltungen: Bischöfe und Basisgruppen, Gottesdienste und Rockkonzerte, hunderttausend Leute, ein buntes Fest der Kirche. Jutta und ich hatten geplant, gemeinsam hinzufahren, damit ich sehen könnte, wie bunt und vielfältig die Evangelische Kirche sich präsentierte, in die ich hineingetauft worden war. Doch am Abend vor unserer Abreise wurde Jutta krank, sie hatte Fieber, war sehr erkältet und bestimmt nicht „kirchentagstauglich". Natürlich wollte ich bei ihr bleiben und sie pflegen, sie aber bestand darauf, dass ich ohne sie losführe – schließlich bietet sich die Gelegenheit eines Kirchentages nur alle zwei Jahre. Ich hatte extra Urlaub genommen, das Quartier war gebucht. Ob sie mich so ermuntert hätte, wenn sie gewusst hätte, was mir widerfahren würde, sei dahingestellt. Und ob ich in diesem Fall gefahren wäre, weiß ich ebenfalls nicht – ich glaube, schon.

Als ich mich mit vielen anderen etwas ziellos durch die großen Messehallen treiben ließ, hörte zum ersten Mal die Gesänge aus Taizé, die mich sehr lockten. In ihrem Rhythmus und in der leisen Melancholie sprach sich eine tiefe Sehnsucht aus und gleichzeitig eine trotzige Beharrlichkeit, die sich in unendlichen Wiederholungen darauf einrichtete, auf den Ersehnten eine Ewigkeit lang zu warten, wenn es sein muss. Das entsprach durchaus meinem

Lebensgefühl – verzehrt von ungewisser Suche, getragen von einem unbezwingbaren Trotz, der diese Suche selbst zum Ort der Begegnung und Erfüllung werden ließ.

In den Hallen staunte ich über die unübersehbare Zahl von Menschen, die sich irgendwie zur Kirche gehörig fühlten, und genoss die Gemeinsamkeit in aller Verschiedenheit. Vielleicht war es nur die gleiche Blickrichtung, die alle diese überwiegend jungen Menschen miteinander verband, so unterschiedlich die Wege, Sprachen und Symbole dann auch sein mochten, mit denen sie diesen Blick umgaben.

Schließlich gelangte ich über eine Rolltreppe in eine weitere Halle und blieb wie angewurzelt, festgenagelt, blitzgetroffen stehen. In einer offenen, belebten Halle standen drei Frauen in klaren, grauen Gewändern. In größter Gelassenheit sangen sie inmitten des üblichen Kirchentagsgewühls Psalmen nach einer Melodie, die ich noch nie gehört hatte. Von diesen Frauen ging eine Kraft und eine Präsenz aus, die mich im Innersten berührte. Inhalt und Form stimmten hier so sehr überein, dass ich wie gebannt lauschte und schaute. Für einen Moment war der „garstige Graben" zwischen unserer zerrissenen Welt und der Gegenwart Gottes aufgehoben, erfüllt von einer Schönheit, die aus Gott selbst zu kommen schien. Etwas wie der Urklang der Schöpfung wurde mitten in dieser lauten Kirchentagshalle hörbar und spürbar und verbreitete für eine lange Sekunde in mir nichts als Frieden.

Ich war angekommen. Hier war dieser lichte Ort in der Mitte der Zeit, nach dem ich mich so gesehnt hatte. In diesem Klang, nur in dem Klang und in den gelassenen Gestalten, die ihn hervorbrachten, fand ich für Sekunden meine ganze Sehnsucht verdichtet – und erfüllt. Die Sehnsucht, die mich nach Israel gelockt hatte, die ich in die Tuschebilder hineingemalt hatte, die ich in den buddhistischen Tempeln gesucht und in den Schriften der Christen geahnt hatte. Hier kam sie zur Ruhe. Ein paar Sekunden lang öffnete sich mir das ganze Leben in seiner lichtesten Fülle – und es genügte, um mein Herz zu verwandeln.

Wie benommen stand ich reglos da, als die Frauen ihren Gesang längst beendet hatten, löste mich ganz langsam in eine Bewegung, fürchtend, dass mit der Bewegung auch das Licht und der Klang sich auflösten, dass ich vielleicht alles nur geträumt hätte. Aber nein, wenige Meter weiter sah ich einen Stand, an dem Bilder dieser Frauen und verschiedene Schriften und Prospekte lagen.

Zunächst aber musste ich einfach gehen. Zu gewaltig war dieser Augenblick gewesen, ich konnte ihn nicht sofort in Sprache und Gespräch übersetzen. Ich saß draußen auf einer Wiese, rauchte eine Zigarette nach der anderen, schaute die anderen Kirchentagsbesucher an, die alle weitermachten, als sei nichts geschehen. Die lachten, liefen, hörten, redeten, saßen, sangen, vorüber gingen. Und ich versuchte zu begreifen, was das gerade gewesen war.

Schließlich zog es mich zurück in die Halle. Fast rechnete ich damit, dass die Frauen inzwischen fort waren, doch nur ein Trugbild oder eine verlorene Erinnerung aus einer anderen Zeit. Aber nein, sie befanden sich immer noch an derselben Stelle wie zuvor. Stundenlang schlich ich um ihren Stand herum, beobachtete sie aus gebührender Entfernung. Sie bewegten sich in ganz normaler Alltagskleidung, redeten und lachten mit denen, die bei ihnen stehen blieben, wirkten ganz unauffällig. Bis sie sich wieder ihre grauen Gewänder überzogen, sich versammelten und zu singen begannen. Wieder öffnete sich dieser klare, helle

Raum, sanfter diesmal. Ich lauschte und versuchte gleichzeitig, in diesen Raum einzutreten und doch rational zu begreifen, was da geschah. Sie sangen Psalmen, und die waren mir natürlich vertraut. Aber diese Melodien, die Jahrhunderte in sich zu tragen schienen und doch so leicht und frei durch diese Halle webten – die bargen ein Geheimnis, eine Lockung, der ich nachgeben musste.

Dann schaute ich mich etwas genauer um, sah ein großes Schild, das über den Halleneingang gespannt war: „Evangelisches Kloster". Davon hatte ich noch nie gehört. Klöster hatten mich als Lebensform interessiert, aber bisher ausschließlich theoretisch, wie ein weiteres interessantes Forschungsobjekt. Ich hatte von buddhistischen Klöstern gelesen und war in Israel oft in katholischen Klöstern zu Gast gewesen. Aber ein „Evangelisches Kloster"? Gab es das? Offensichtlich. Und offensichtlich wussten diese singenden Frauen etwas darüber.

Nachdem ich wiederum einige Zeit um den Stand herumgeschlichen war, merkte ich, dass ich wahrgenommen wurde. Eine der Frauen lächelte mich offen an, aber ich fühlte mich wie ertappt bei etwas, das mir nicht zustand, und ging fort.

Abends telefonierte ich mit Jutta und erzählte ihr, ich hätte etwas ganz Besonderes, überwältigend Schönes entdeckt – ein evangelisches Kloster. Am nächsten Tag war ich gleich morgens wieder in der Halle und bei den Frauen, wurde leise lächelnd begrüßt, vermied aber immer noch jede direkte Kontaktaufnahme – vielleicht hatte ich Angst, dass der Zauber sich auflöste, sobald ich das erste Wort sagte. Ich blieb einfach, schaute, lauschte und merkte kaum, dass die Stunden vergingen. Immer deutlicher, wenn auch völlig unverstanden, breitete sich die Gewissheit aus: Ich bin angekommen.

Nur wo? In einer Kirchentagshalle? Vor einem mit Bildern geschmückten kleinen Messestand? In einem verwehenden Gesang?

Am dritten Tag schließlich, dem letzten, musste ich es entweder wagen oder gehen – gerade so wie damals in Berlin vor dem Zen-Tempel. Diesmal traute ich mich. Ich sprach eine der Frauen an, die mir freundlich und unaufdringlich auf meine Fragen antwortete. Einem evangelisch-benediktinischen Frauenorden gehörten sie an, die Schwestern, so nannten sie sich, lebten auf dem Schwanberg in Unterfranken und nannten sich Communität Casteller Ring – weil sie sich fast fünfzig Jahre zuvor in Castell, einem unterfränkischen Dorf, gegründet hatten. Ja, den Gesang, der mich hier so fasziniert habe, könnte ich dort auch erleben, das wäre ja ihr eigentlicher Hauptauftrag – das Stundengebet zu singen. Stundengebet. Das hatte ich noch nie gehört und auch sonst erschien mir alles fremd, was sie erzählte, fremd und äußerst anziehend. Doch, ich könne gerne einmal als Urlaubsgast kommen, wenn ich wollte, auch ein bisschen mithelfen, das würde die Kosten verringern und gäbe Einblick in den Alltag der Schwestern. Sie gab mir die Adresse und eine Telefonnummer und verabschiedete mich mit einem strahlenden Lächeln, als wäre sie ganz sicher, dass wir uns wiedersehen würden.

Benommen und gleichzeitig fast fiebrig aufgeregt fuhr ich zurück nach Berlin. Wenn ich den Traumprinzen getroffen hätte, wäre es mir nicht anders gegangen. Besser gesagt: Ich hatte ganz offensichtlich meinen Traumprinzen gefunden: 48 Frauen in Unterfranken in einer Kirche.

Zurück in Berlin hörte Jutta sich meine Erzählungen an und reagierte zunächst nüchtern, fragend und abwartend. Ein Kloster war nun in jeder Hinsicht das genaue

Gegenteil einer Berliner Gemeinde in Kreuzberg, die wir doch aufbauen wollten! Ich selbst war mir auch nicht sicher, welchen dieser beiden so unterschiedlichen Wege ich wählen sollte. Wenn es denn ein Kloster sein musste, sollte es dann nicht wenigstens ein richtiges sein, mit Klausur, Askese und gelebter solidarischer Armut und nicht so eine seltsam bequeme Mischform, ausgerechnet in Unterfranken?! Alle Einwände waren begründet, und doch musste ich genau dorthin fahren, ohne dass ich überzeugendere Argumente gehabt hätte als dieses „ich muss einfach".

Und so fuhr ich mit meiner grünen Ente wenige Wochen später auf den Schwanberg. Es war die Kirche, die mich vor allem anderen in ihren Bann zog. Ein sehr moderner Backsteinbau, eine offene, weite Hallenkirche mit einem schlichten Granit-Altar auf Bronze-Engeln in der Mitte: ein Tempel und ein Zelt zugleich. Und darin viermal am Tag der Gesang, den ich auf dem Kirchentag gehört hatte. Viermal am Tag die unglaublich schlichte Schönheit der Frauen in ihren grauen Chorgewändern, viermal am Tag ein offener Raum voller Klang und Würde. Und das alles, weil sie überzeugt waren, genau das sei ihr Lebensauftrag und ihre Weise, diesen Gott, diesen fernen nahen Gott in dieser Welt zu bezeugen, ja mehr noch, Ihn mit ihrem Gesang daran zu erinnern, dass Er in dieser Welt eine Wohnstatt hatte. Außer dem täglichen Stundengebet wurde dreimal in der Woche ein Gottesdienst gefeiert, immer mit Abendmahl. Ein Gottesdienst in reicher liturgischer Fülle, die ich zwar ebenfalls nicht verstand, die aber etwas andeutete und umfasste von dem unbeschreiblichen Gott und eine Ahnung vermittelte, dass dieser Gott und Seine Gegenwart vielleicht nicht immer zu verstehen, wohl aber zu feiern war. Gleich bei diesem ersten Aufenthalt auf dem Schwanberg entdeckte ich also meine Liebe zur Liturgie, die sich im Laufe der nächsten Jahre immer nur vertieft hat. Und da ich im Blick auf die Konfessionen noch völlig unbelastet, ja unwissend war, konnte ich diesen Reichtum einfach in vollen Zügen genießen, ohne mir zunächst über konfessionelle Bedenken den Kopf zerbrechen zu müssen.

In diesen Tagen half ich zwischen den Gebetszeiten im Garten und in den Spülküchen der Gästehäuser. Außer mir waren mehrere solcher mithelfenden Gäste da, überwiegend Frauen in meinem Alter und unterschiedlichster Herkunft, die meisten schon gut vertraut mit dem Ort und den Schwestern. Ohne Probleme wurde ich integriert, konnte reden oder auch nicht, mich zu der Gruppe gesellen oder es lassen. Ich fühlte mich einfach angenommen und in eine Weite gestellt, die ich vorher so nie erfahren hatte. Und ich war verliebt, wie ich verliebter nicht sein konnte – in den Gesang, in die Schwestern, in diesen Berg und seine Kirche, in der sich Himmel und Erde verbanden, in diesen Gott, der so etwas bewirkte.

Am Ende der drei Wochen bat ich die Priorin, die Leiterin der Kommunität, um ein Gespräch und ich überraschte sie mit der Nachricht, dass ich gerne als Postulantin – also als eine Art „Probeschwester" – in die Kommunität aufgenommen werden wollte. Die Priorin schaute mich durchdringend und keineswegs überzeugt an. Rein äußerlich betrachtet war es vermutlich schwer vorstellbar, dass ich mein eben vorgebrachtes Anliegen wirklich ernst meinen könnte. Ich saß neben dieser hochgeistlichen, älteren und erfahrenen Frau auf einer Bank im Park, immer noch mit streichholzkurzen hellblond gefärbten Haaren, roter Brille, geschminkt, mit Lederhosen,

Halsketten und mindestens vier Ohrringen an beiden Ohren, immer noch gänzlich auf Tarnung und Abwehr eingestellt. Aber ihr Blick ruhte einfach lange Zeit auf mir und ging tiefer. Ich hielt ihrem Blick stand, was mich selbst überraschte. Ließ sie wortlos durch die Verkleidung hindurch schauen; und schließlich willigte sie ein, es mit mir zu versuchen.

Ich hatte überhaupt keine Ahnung, was ich da tat. Keine Sekunde dachte ich kritisch nach, schon gar nicht mit ein wenig Selbstdistanz oder auch nur irgendeinem winzigkleinen Einwand, der ja vielleicht nahe gelegen hätte. Stattdessen handelte ich mit einer Geradlinigkeit und Unbedingtheit, die ihre Kraft allein aus der Erfahrung mit den Stundengebeten zog. Das wollte ich auf jeden Fall lernen, wollte auf jeden Fall selbst so ein Klang werden, selbst eingehen in diesen Raum und diesen Fluss, der, wie ich inzwischen wusste, aus der jüdischen Tradition in den Ritus der Kirche eingeströmt war und dort seit Jahrtausenden nicht mehr erklungen ist. Wenn mein Leben sonst keinen Sinn haben sollte – nur einmal dazu beizutragen, dass der Strom weiterfließt in die nächste Generation, das wäre Sinn genug.

Es gibt keine Begründung, warum es genau das war, was mir damals so wichtig war. Es ist eben, wie sich zu verlieben, in einem bestimmten Augenblick des eigenen Lebens in genau diesen anderen Menschen und dann mit genau diesem Menschen das weitere Leben zu planen und Kinder zu bekommen, Häuser zu bauen, Bäume zu pflanzen. Es gibt keinen Grund – außer der Liebe.

In Berlin musste ich zunächst meine Ausbildung beenden. Ich hatte nicht gewusst, dass ich zu meinen anderen Absonderlichkeiten auch noch eine manifeste Prüfungsangst entwickelt hatte, und die Zeit meines Examens war schrecklich. Dass ich sie trotzdem überstanden und die Prüfung sehr gut bestanden habe, ist allein Juttas Verdienst, die mich jeden Tag fast in die Klinik trug, ganz ungeachtet meiner Proteste und Verzweiflungsattacken, meiner physischen Krankheiten und meiner panischen Angst. Ohne sie hätte ich nicht einmal diese Ausbildung beenden können. Dank ihrer stabilisierenden Maßnahmen ging es, und im Ergebnis sogar sehr gut.

Jutta unterstützte mich, obwohl sie zu diesem Zeitpunkt schon wusste, dass ich Berlin verlassen würde. Es war hart, sie zu verlassen nach allem, was sie für mich getan hatte, und dabei zu wissen, dass sie meinen Entschluss und der Kommunität fragend gegenüberstand. Ich konnte ihr nichts anderes sagen als immer nur dies: Das Stundengebet und die Gottesdienste in genau dieser Kirche mit dieser Gemeinschaft ließen mich nicht mehr los. Dort war mein Ort.

Und so zog ich 1992 kurz vor Ostern auf den Schwanberg und wurde am 23. April, dem Dienstag nach Ostern, in die Communität Casteller Ring als Postulantin aufgenommen.

X.
Der Kreis öffnet sich

Am Tag meiner Postulatsaufnahme zog ich mir einen weißen Dirndlrock an. So groß war mein Wunsch, mich angemessen zu verhalten, den Frauen von Anfang an keinen Grund zu geben, an meiner ernsten Absicht zu zweifeln, dass ich mich ohne weiter zu überlegen in eine Bekleidung zwängte, die auch nur wieder wie eine Verkleidung erscheinen musste. Aber immerhin, die Absicht selbst wurde freundlich zur Kenntnis genommen.

Mit mir wurde noch eine andere Frau ins Postulat aufgenommen. Zum Noviziat – also zur Gruppe derer, die die etwa fünfjährige Probezeit in verschiedenen Stufen durchlaufen – gehörten damals noch sechs oder sieben andere Frauen. Jede von uns hatte genau wie die anderen Schwestern auch einen Raum für sich, den wir Zelle nennen – nicht so sehr in Erinnerung an eine Gefängniszelle als vielmehr in Anlehnung an die kleinste Einheit in einem Organismus. Es ist der alte klösterliche Begriff für den Raum, in dem der Mönch oder die Nonne wirklich allein ist mit sich und Gott. Diese Zellen sind karg möbliert, eine Grundausstattung mit Schreibtisch, Stuhl, Bett, Schrank und Regal ist vorhanden und kann durch das eine oder andere mitgebrachte Möbelstück ergänzt werden. Die Zellen liegen ebenso wie die verschiedenen Gemeinschaftsräume im sogenannten Ordenshaus, also dem klausurierten Bereich. Ich habe die Klausur nie als „abgeschlossen", also als die Welt ausschließend empfunden, sondern einfach als einen Schutzraum – so wie auch jede Familie ihren Bereich hat, in dem sie ungestört ist. Bei fast fünfzig gemeinsam lebenden Frauen empfand ich es stets als ganz wichtig, einen Raum zu haben, in den weder Gäste noch Besucher ohne Weiteres Zutritt haben – Ausnahmen bestätigen auch hier die Regel.

Wir Novizinnen waren so verschieden, wie Menschen unterschiedlicher kaum sein können. Ich war mit 27 Jahren die Jüngste und damals sicherlich diejenige, die in ihrem bisherigen Leben am wenigsten mit dem Christentum und der Kirche zu tun gehabt hatte. Eine andere Novizin war bereits ein Jahr lang in einer anderen Kommunität gewesen, andere waren an kirchlichen Schulen gewesen oder in der christlichen Pfadfinderschaft aktiv gewesen, alle hatten schon in der Kindheit eine solide christliche Sozialisation erfahren.

Für den Organismus einer Gemeinschaft ist es allemal begrüßenswert, wenn möglichst verschiedene Gaben und Kräfte sich in ihr bündeln, denn es gibt die unterschiedlichsten Dinge zu tun. Für eine Gruppe wie uns Novizinnen, die aus lauter extravaganten Frauen um die Dreißig bestand, von denen die meisten zunächst nicht aus Sehnsucht nach einer festen Gemeinschaft gekommen waren, sondern weil sie sich ganz individuell von irgendetwas oder irgendjemandem angezogen fühlten, war dieses Zusammenleben im Noviziat hart. Auch ich tat mich sehr schwer, denn ich hatte ja seit Jahren nicht mehr in einer festen Gruppe gelebt, war durch Räume und Zeiten gegangen, die ich den anderen weder vermitteln konnte noch wollte, und litt an dem Gefühl, wesentlich dümmer und ungeeigneter für dieses Leben zu sein als alle anderen. Natürlich konnte ich die äußeren Regeln einhalten. Das Aufstehen um 5.30 Uhr machte mir nach meinen Krankenhauserfahrungen keine Mühe, die hauswirtschaftliche Arbeit, zu der wir eingeteilt wurden, forderte mich nicht wirklich und ich tat sie, so gut ich eben konnte, und die vielen Unterrichtsstunden, die die Novizinnen in verschiedenen ordensrelevanten Fächern erhielten, genoss ich sogar sehr. Aber dennoch fühlte ich mich in den ersten Jahren immer wieder sehr deplaziert: Ich glaubte, nicht singen zu können (was sich inzwischen als Irrtum erwiesen hat), kannte zwar die biblischen Schriften, aber sicher nicht so gut wie die anderen, hatte nach meiner geistlichen Sozialisation in einer Kreuzberger Gemeinde große Schwierigkeiten mit manchen streng lutherischen Aussagen, die im theologischen und bibelkundlichen Unterricht vermittelt wurden, und fürchtete überhaupt, dass der liebe Gott sich einen Scherz erlaubt haben musste, als er mich auf diesen Berg führte.

Ohne großen Widerspruch bin ich viermal täglich zu den Stundengebeten gegangen, die mich ja so gelockt hatten, habe die Arbeit in den Gästehäusern verrichtet, mich an die inneren Regeln der Kommunität gehalten, die sich vor allem an der Benediktsregel orientieren und dennoch immer wieder so ausgelegt werden, dass sie für einen evangelischen Frauenorden passend sind. Ich hatte nie das Gefühl, zu etwas gezwungen zu werden, irgendetwas gegen mein grundsätzliches Einverständnis tun zu müssen – und doch konnte ich nach der ersten begeisterten Phase nicht leugnen, dass ich nicht wirklich glücklich war. In mir blieb dieses tief sitzende Gefühl von Fremdheit, von „Nicht-Dazugehören" – das ich ja auch aus anderen Zusammenhängen kannte, das sich hier aber in dem Maße verstärkte, als auf das Leben in Gemeinschaft immer größeren Wert gelegt wurde.

Oft habe ich in den ersten Jahren beschlossen zu gehen – und bin geblieben. Als habe es in meinem Herzen eine Art

Unterströmung gegeben, die sich, ganz unabhängig von den heftigen Wellen am oberen Rand meines Bewusstseins, völlig selbstständig in eine bestimmte Richtung bewegte, in Richtung eines weiten, offenen Meeres, in die Richtung des Einwilligens und Einswerdens mit einer immer häufiger gespürten Gegenwart Gottes, die sich jenseits von bestimmten liturgischen Formeln, theologischen Diskursen und monastischen Konkurrenzkämpfen erahnen ließ und manchmal zu erkennen gab.

Ich wollte gehen und war gehalten, ich wollte bleiben und musste ständig in eine neue Erfahrung aufbrechen. Das gleichzeitige Bleiben und Gehen verdichtete sich in den Jahren des Noviziats zu einer Grunderfahrung, die mich allmählich lehrte, immer weniger selbst zu tun und mich dieser Bewegung immer williger zu überlassen – auch wenn ich wieder einmal nichts verstand. Aber auch das kannte ich ja schon.

Der Weg dahin war lang und äußerst mühsam. Denn natürlich hatte ich ja meine Psyche, mein ziemlich beschädigtes „Ich" mitgebracht, das sich nach einer anfänglichen Euphorie auch bald wieder meldete.

Ich „pflegte" mein bulimisches Essverhalten fast genauso durchgängig wie zuvor – lediglich wenn ich das Abendmahl empfangen hatte, wenn ich wusste, dass diese kleine weiße Hostie in meinem Magen lag, konnte ich mich beherrschen. Ihr durfte ich nichts tun … Es blieb aber genug Zeit, um mir an den übrigen Tagen das geregelte Essen zu verbieten.

Wir Novizinnen wurden zum Arbeiten in die Gästehäuser und in unser eigenes Ordenshaus eingeteilt: zum Kochen, Putzen, Geschirrspülen, Verwaltungsarbeit lernen, Gästegruppen empfangen und was es sonst noch an Diensten gab. Mir war dieser Arbeitsplatzwechsel aus dem

Krankenhaus vertraut, auch dort war ich ja als Schwesternschülerin von Station zu Station geschickt worden – um das ganze Haus kennenzulernen und auch, um herauszufinden, welcher Arbeitsschwerpunkt zukünftig mein eigener sein könnte. So arbeitete ich auch auf dem Schwanberg willig und sicher meistens zufriedenstellend. Aber spätestens nach zwei oder drei Jahren war auch klar, dass keine der dortigen Arbeitsmöglichkeiten mir wirklich entsprach – wobei ich vermutlich auch nicht hätte sagen können, was mir denn eigentlich entsprochen hätte. Nur eines wusste ich: Dass ich auf jeden Fall bleiben wollte, dass ich die Profess, also die Bindung auf Lebenszeit, ablegen wollte, auch wenn alles in mir und außer mir dagegen sprach.

Natürlich wurden wir Novizinnen aufmerksam begleitet und unterstützt. Eine Magistra, die Noviziatsleiterin, war dafür in besonderer Weise zuständig, daneben hatte jede von uns auch eine geistliche Begleitung außerhalb der Kommunität, mit dem oder der wir frei reden konnten und die uns half zu entscheiden, ob dieser Weg der unsere war oder nicht. Und schließlich wurden wir natürlich auch von der Priorin der Kommunität mehr oder weniger intensiv begleitet – sie musste ja, in Abstimmung mit den anderen Schwestern, entscheiden, ob wir bleiben konnten oder nicht.

Der Priorin entging meine innere Zerrissenheit nicht. Sie nahm wahr, dass ich mich bemühte, dass ich auch keinen Anlass zur Beschwerde gab – aber eben auch, dass ich nicht wirklich glücklich war. So entschied sie sich für einen ungewöhnlichen Weg und erklärte mir, dass ich zum Theologiestudium geschickt werden sollte. Zum ersten Mal weigerte ich mich. Wollte auf keinen Fall den Berg verlassen. Sagte ihr, dass ich geschworen hätte, nie wieder eine Universität zu Studienzwecken zu betreten.

Sie fragte nicht nach den Gründen für diese harsche Ablehnung, wiederholte aber ihren Auftrag einige Wochen später. Ich weigerte mich erneut. Irgendwie ahnte ich, dass ich, wenn ich ginge und mit einem Studium beginnen würde, in die Enge getrieben würde, dass ich meiner Vergangenheit begegnen würde – und das war das Allerletzte, was ich wollte. Schließlich forderte die Priorin mich zum dritten Mal auf, meinen Umzug vorzubereiten, und knüpfte diese Forderung an meine Absicht, die Profess abzulegen – mit der ich mich ja unter anderem zum mündigen Gehorsam verpflichten würde. Wenn ich das wollte, dann sollte ich es jetzt zeigen und nach Erlangen gehen, um Theologie zu studieren.

Ich ahnte, dass sie wusste, was sie tat. Es ging nicht in erster Linie um das Theologiestudium, sondern um das letzte Mittel, mich aus meiner selbst erzeugten Isolation, ja sogar der selbst geschaffenen Illusion herauszulocken, wenn es sein musste auch hinauszuwerfen – um endlich sichtbar werden zu lassen, was sich denn eigentlich in diesem seltsamen Menschenkind verbarg. Ich vertraute der Priorin damals vollständig und ging, wissend, dass ich damit am Ende meiner selbst geschaffenen Überlebens- und Vermeidungsstrategie angelangt war. Hätte sie mir damals gesagt, dass sie mich in eine Schlangengrube schickt, wäre ich vielleicht auch gegangen. Dieses eine Mal nicht aus latentem Selbstzerstörungswillen, sondern weil ich tatsächlich überzeugt war, dass sie das Leben für mich wollte. Und ich vertraute ihr zu Recht.

Zu diesem Zeitpunkt, etwa zweieinhalb Jahre nach meinem Eintritt in die Kommunität, begriff ich zum ersten Mal wirklich, was ein spiritueller Weg sein kann – und ein klösterlicher Weg ist nichts anderes ein spiritueller Weg –: eine Provokation. Ein Herausgerufenwerden aus dem Gewohnten, auch und erst recht aus dem, was ich von mir selbst gewohnt bin und mir zutraue – hinein in eine Zumutung, eine Freiheit auch, die ich selbst nicht gewagt hätte zu suchen. Dieser Weg, wenn er denn echt ist, führt immer irgendwann an eine „enge Pforte" – an einen Punkt, an dem das eigene Können nichts mehr gilt und das Vertrauen in eine wie auch immer benannte größere Kraft existenziell tragend wird. Nichts anderes ist mit dem Begriff „Gehorsam" gemeint. Es geht nicht um blinde, stumpfe Befehlserfüllung, sondern um eine gemeinsame Ausrichtung auf den, der das Leben will. Und das Zugeständnis, dass es jemanden gibt, der auf diesem Weg erfahrener ist als ich und mir helfen kann, mich aus meinen engen Grenzen zu befreien.

Die Gründerin unserer Kommunität, Christel Schmid, war eine ausgesprochen mutige und kluge Frau. Sie schrieb schon in den fünfziger Jahren in ihr Tagebuch:

„Frauen sind gefährdet. Sie drehen sich furchtbar schnell um das ‚Ich'. Um das ‚Was bin ich, mag mich auch jemand, was wird aus mir'. Frauen haben leider die Fähigkeit, von ihren Schwierigkeiten gebannt zu werden, in ein Kreisen hineinzukommen und nicht mehr herauszukommen. Hier hilft nur eines: Das Schauen auf Ihn. Hier hilft nur Vergessen seiner selbst und Hineineilen zu Christus. Im Vertrauen, im Schauen auf Ihn öffnet sich der Kreis, in dem wir uns dumm drehen."

Genau das wollte ich. Dass der Kreis sich öffnet. Und wenn ich dazu den Berg wieder verlassen müsste, würde ich das tun. Was auch sonst.

XI.

Der Lebensmelodie folgen

Unsere Kommunität hatte damals mehrere Außenstationen. Kleine Gruppen von vier bis sechs Schwestern lebten in verschiedenen Städten zusammen in einer Wohnung und wirkten sowohl in einer städtischen Gemeinde als auch in verschiedenen städtischen Netzwerken jeweils dort, wo es nötig war. Immer waren auch dort das Stundengebet und der Gottesdienst das Wichtigste, außerdem Seelsorge und geistliche Begleitung und was sich eben anbot. Meist arbeiteten auch eine oder mehrere Schwestern in ihren ursprünglichen Berufen bei Arbeitgebern der Stadt, um auf diese Weise die Station mitzufinanzieren. Eine diese Stationen befand sich in Nürnberg, und als es beschlossen war, dass ich in Erlangen Theologie studieren sollte, sollte ich bei den Schwestern in der Nürnberger Innenstadt wohnen.

Die Aussicht, wieder in einer Stadt und trotzdem mit einigen Schwestern gemeinsam zu wohnen, war attraktiv. Die Aussicht, zu studieren, war entsetzlich und blieb es auch.

Am Tag meiner Immatrikulation befand ich mich in einem emotionalen Ausnahmezustand. Weinend erwachte ich, weinend stand ich im Immatrikulationsbüro, weinend empfing ich die nötigen Unterlagen, weinend kam ich wieder in unsere Wohnung, ging ins Bett und blieb dort. Die Schwestern waren tief besorgt, ich war zu erschöpft, um besorgt zu sein, und hätte nicht sagen können, was denn so entsetzlich war. „Es" heulte einfach durchgängig aus mir heraus, eine tiefe Schwärze umgab mich und sog mich gänzlich auf. Ich dachte wirklich, dass ich diesen Tag nicht überleben würde, dass sich mein Gehirn einfach ausschalten oder in tausend Stücke zerspringen würde. Und ich konnte gar nichts dagegen tun. Viel später habe ich gelernt, solche Symptome zu deuten, sie in Beziehung zu früheren Erlebnissen zu setzen und als Fragmente ehemals zusammenhängender Erinnerungen und dazugehörender Gefühle zu begreifen. An diesem durch und durch schwarzen Tag in Nürnberg wusste ich nicht, worüber ich mehr entsetzt war: über den Studienbeginn oder über meine scheinbar völlig unangemessene Reaktion darauf.

Fast drei Jahre lang habe ich mich in diesem Studium abgemüht, unfähig, die vielfältigen Symptome und Auffälligkeiten aus der physischen und psychischen Sphäre zu verstehen. Ich wusste, dass es nicht an einer mangelnden intellektuellen Kompetenz liegen konnte. Umso weniger konnte ich die psychischen und somatischen Zeichen einordnen. Depressionen wechselten sich mit Panikattacken ab (wobei ich nicht wusste, dass das, was ich da erlebte, ebensolche waren), ich hatte extreme Konzentrationsstörungen und glitt langsam wieder in die Magersucht ab. Innerhalb weniger Monate verlor ich durch Entzündungen am Kieferknochen sechs Zähne und verbrachte mehr Zeit in Zahnarztpraxen als in einem Hörsaal. In den Zeiten zwischen den Zahnoperationen versuchte ich, die anhaltenden Rückenschmerzen mit Medikamenten und Physiotherapien zu bekämpfen, froh über jeden Tag, an dem ich einmal weniger Schmerzen hatte.

Die Schwestern kümmerten sich rührend um mich, trösteten, ermutigten, pflegten. Auch die Priorin, die regelmäßig zu Besuch kam, war niemals ärgerlich oder ungeduldig, sie versuchte nur zu verstehen, was ich eigentlich brauchte.

Durch die ständigen Krankheiten wurde bald jede noch so kleine Prüfung zu einer inneren Katastrophe, und als ich dann den ersten Versuch machte, die Griechisch-Prüfung abzulegen, tatsächlich nicht bestand und damit das erste Mal in meinem Leben in einer Prüfung durchfiel, gab ich innerlich auf. Daran änderte sich nichts, als ich beim zweiten Mal das Graecum bestand, das Hebraicum mit hohem Fieber ablegte und andere Prüfungen – genau wie in der Berliner Zeit – tatsächlich erfolgreich und, wie ich fand, fast ohne mein Zutun meisterte. Ich konnte und wollte nicht mehr weitermachen.

In dieser Zeit las ich viel über die jüdischen Versuche, das Entsetzen über die Shoa spirituell oder theologisch einzuordnen. Dabei hätte ich niemals mein Leiden zu dem der Opfer der Shoa in Beziehung gesetzt. Aber ihre Fragen und ihre Verzweiflung, die sie ihrem Gott hinschleuderten, ihre mutigen und trotzigen Versuche, an diesem Gott festzuhalten, auch wenn Er offenbar alles tat, um sie davon abzubringen – diese Fragen, diese trotzige Liebe und diese unverschämte Beharrlichkeit, die die Anklage Gottes nicht scheute, die fand ich auch in mir. Und ich fand in den Schriften von Elie Wiesel, Paul Celan, Nelly Sachs, Zvi Kolitz, Primo Levi und Emil Fackenheim die „Theologie", die Rede von Gott, die ich mitsprechen konnte. Für das Studium der Evangelischen Theologie half mir das fast nichts – für mein Leben alles.

An diesem Punkt angekommen, hörte ich eines Sonntags die schlichte, aber eindringliche Predigt eines Pfarrers, der davon sprach, dass man niemals aufgeben sollte, die eigene „Lebensmelodie" zu suchen, ihr nachzulauschen, dass man alle anderen Geräusche so weit als möglich ausblenden sollte, um dieser ganz eigenen Melodie Raum und Stimme zu geben – und sich um Himmels willen davon nicht abbringen zu lassen.

Dieses Wort von der Lebensmelodie traf mich tief. Wenige Tage später saß ich diesem klugen und weisen Mann gegenüber und schüttete vor ihm mein ganzes Elend aus, sofern ich es überhaupt benennen konnte. Er redete gar nicht lange drumherum, sondern empfahl mir dringend eine Therapie. Ich nahm mit Einverständnis der Schwestern Kontakt auf zu einer freischaffenden und religiös nicht gebundenen Körpertherapeutin. In vielen Einzelstunden stabilisierte ich mich immerhin so weit, dass ich mit großer Mühe den ganz einfachen, normalen Studienalltag halbwegs bewältigen konnte.

Nach der üblichen Zeit von fünf Jahren wurde ich von der Priorin und dem Schwesternrat – also all den Schwestern, die die Bindung auf Lebenszeit bereits abgelegt hatten – auf meinen Wunsch hin zur Profess zugelassen. Auf meinen Wunsch hin. So schwer mir die Zeit der Vorbereitung auch war, so mühsam ich diesen Gehorsam gelernt habe – der tiefe und echte Wunsch, mein Leben in dieser Weise und in dieser Gemeinschaft zu gestalten, wurde immer gewisser. Mit 33 Jahren traute ich mir selbst immerhin so weit, dass ich dieses Ja auf Lebenszeit sprechen und darauf vertrauen konnte, dass es im Sinne Gottes und dem Leben dienlich sei. Auch wenn ich keine Vorstellung davon hatte, wie es sich weiterentwickeln würde, aber diese Vorstellung hat ja niemand, der sich auf eine Bindung auf Lebenszeit einlässt. Es erklang einfach ein großes schlichtes „Ja" in mir – trotz allem. Die Professfeier wurde ein rauschendes, unvergessliches Fest. Ein Hochzeitsfest.

Wie alle anderen Schwestern durfte ich mir einen Professnamen wählen. Einen Namen, der einen Inhalt oder eine Person aufruft, die ich für meinen weiteren Weg als Orientierung, Leitwort, „Gefährtin" wählen würde. Schon als Novizin „hörte" ich für mich den Namen „Klara" – als Hinweis auf die Klarheit Gottes, griechisch Doxa, hebräisch „kavod", die Heilige Gegenwart, die den Höchsten umgibt und bei den Menschen wohnt, bis sie ganz mit Ihm vereint sind. Außerdem stand Klara natürlich auch für Klara von Assisi, deren Leben und Mystik ich sehr schätzte. Sie schien mir ein durchaus nachahmenswertes Vorbild zu sein.

Meine Eltern und ihre beiden neuen Ehepartner waren bei der Feier ebenso anwesend wie Jutta. Ich war ihnen zutiefst dankbar – ich erlebte diese Feier auch wie eine Versöhnung.

Ich konnte Ja sagen zu diesem Weg, ich gehörte in diese Gemeinschaft – aber vollständige Heilung bedeutete dieser Schritt noch nicht. Zwei Wochen nach der Profess verstärkten sich die ständigen Rückenschmerzen plötzlich unerträglich. Nach verschiedenen Untersuchungen wurde ich schließlich in eine psychosomatische Klinik überwiesen, und jetzt willigte ich ein. Auch hierbei unterstützten mich die Schwestern, auch wenn weder sie noch ich sagen konnten, wohin eine Therapie führen würde. In dieser Klinik sollte ich zunächst vor allem wegen meines Untergewichts behandelt werden. Ich fügte mich halbherzig in die entsprechenden strikten Vorschriften und ständigen Gewichtskontrollen. Die für mich zuständige Therapeutin war Gott sei Dank eine weitsichtige Frau. Sie schaffte es durch vorsichtiges und zugleich zielstrebiges Nachfragen, langsam den undurchdringlichen Panzer um meine Erinnerungen etwas durchlässiger werden zu lassen, fragte ausführlich nach meiner Geschichte und registrierte mehrere Brüche und einen Themenkomplex, über den zu sprechen mir noch immer nicht möglich war. Nach drei Monaten in der Klinik waren die Rückenschmerzen wesentlich besser, ich war erholter und entspannter, freute mich auf unsere Kirche und die Schwestern und hatte berechtigte Sorgen angesichts der Frage, wie mein Leben auf dem Schwanberg und im Kloster eigentlich weitergehen sollte.

Meine Schwestern nahmen mich freundlich auf, aber meine Unsicherheit über meinen weiteren Weg konnten sie mir nicht nehmen – sie teilten sie eher mit mir. So arbeitete ich wieder ein knappes Jahr wo es nötig war, fand wie immer Halt in den Stundengebeten und den Gottesdiensten auf dem Schwanberg und wusste zugleich, dass diese Zeit nur eine Atempause sein würde. Aufgrund der dringenden Empfehlung der Klinik begann ich sofort mit einer ambulanten Gesprächstherapie und weil es keine andere Möglichkeit gab, begegnete ich einem Therapeuten. Es dauerte nicht lange, und meine Gesprächsmöglichkeiten mit ihm als Mann waren erschöpft, was sicher nicht an ihm lag. Er war so einfühlsam und erfahren, dass er aus meinem Schweigen die Informationen gewann, die er brauchte, um endlich die richtige Spur aufzunehmen und die treffenden Diagnosen in die entsprechenden Formulare zu schreiben: Traumatisierung, chronische posttraumatische Belastungsstörung, atypische Magersucht. Gleichzeitig entwickelte ich zu allem anderen auch noch eine heftige Neurodermitis über das ganze Gesicht und die Hände. Ich sah furchtbar aus, das Gesicht juckte, die Haut entzündete sich, glühte wie Feuer, manchmal hatte ich das Gefühl, buchstäblich in Flammen zu stehen. Der Therapeut und meine sehr engagierte Hausärztin waren sich einig, dass ich sofort wieder in eine Klinik müsse, diesmal aber in eine, die genau auf mein

Problem spezialisiert wäre. Sie erwirkten die sofortige Einweisung in die Psychosomatische Klinik in Grönenbach, und so fuhr ich am 14. Dezember 1999, zwei Wochen vor Weihnachten und drei Wochen vor der Jahrtausendwende, nach Bad Grönenbach im Allgäu. Und dort endlich konnte mir wirklich und wirksam geholfen werden.

Die damals leitende Oberärztin der Klinik, Dr. Kathrin Baumann, hatte eine eigene Abteilung für traumatisierte Frauen in das ohnehin besondere Therapiekonzept der Klinik integriert. Zum ersten Mal traf ich hier andere Frauen, die Ähnliches erlebt hatten wie ich. Zum ersten Mal hörte ich, dass die Endlosschleife von Krankheiten und immer neuen Symptomen, in der ich mich seit über zehn Jahren befand, einen inneren Zusammenhang hatte, dass dieser geballte Wahnsinn eben gar nicht wahnsinnig, sondern eine verständliche und nachvollziehbare Reaktionskette des Körpers und der Psyche auf bestimmte Erlebnisse darstellte. Ganz langsam wagte ich, nur versuchsweise und zumindest theoretisch, zu denken, dass ich keine Schuld an diesem Drama hatte – und dass Heilung nicht ausgeschlossen ist.

Es gab für die Frauen, die wegen verschiedener traumatischer Belastungen in der Klinik waren, innerhalb des allgemeinen Klinikkonzepts spezielle Therapiegruppen und Einzelsitzungen, die von Kathrin Baumann geleitet wurden. Daneben aber waren wir den normalen Pflichten nicht enthoben, die alle Patienten und Patientinnen übernehmen mussten. Das Klinikkonzept geht von einer hohen Mitverantwortung der Patienten für das Gesamtgefüge aus, sodass es kaum möglich ist, sich in der jeweils eigenen Erkrankung oder Störung auszuruhen und dauerhaft in eine kindliche Rolle zurückzufallen. Sie ermutigen sich und konfrontieren sich, die Einhaltung der Regeln steht ebenso in der eigenen Verantwortung wie ein Teil der Therapiewirkung. So lernte ich, mich neben einer intensiven und manchmal erschreckenden Traumatherapie doch auch wieder als eigenständigen Menschen wahrzunehmen, der unabhängig von Krankheiten und momentanem Unvermögen als erwachsener Mensch ernst genommen und im jeweils möglichen Maß gefordert wird.

Neben der eigentlichen Traumatherapie wurden wir zur Stabilisierung unserer allgemeinen Verfassung in verschiedene Gesprächs-, Körpertherapie- und Kreativgruppen eingeteilt, wurden bei Einhaltung bestimmter Regeln sehr ermutigt, miteinander zu reden und auch füreinander zu sorgen, wenn es einer gerade schlecht ging. Ich habe dort Frauen kennengelernt, deren Verwundungen und die Geschichten, die ihnen zugrunde lagen, meine Vorstellungskraft überstiegen – und die doch überlebt hatten und bei aller Gebrochenheit wieder zu sehr starken und schönen Frauen wurden, die ihr Leben verantworteten. Ich lernte viel über psychotherapeutische Prozesse im Allgemeinen und über Traumatisierungen und Traumatherapie im Besonderen und begriff den Zusammenhang von einer zersplitterten Seele mit all den psychischen und psychosomatischen Erscheinungen, mit denen traumatisierte Menschen zu kämpfen haben.

Und ich stellte Gott und mir selbst die Frage, ob und wo Er, dieser ewig Erschaffende, Erhaltende, Zerstörende und Gebärende, in den Scherben dieser Biographien, die ich hörte, und meines eigenen Bewusstseins lebt. Vermutlich lebte Er in dem Raum dazwischen, jederzeit bereit, die Fragmente aufzunehmen und ineinander zu weben. Vielleicht ist es so, dass Er seinen eigenen goldenen Faden in so ein „Flickwerk" webt. Niemals wieder jedenfalls war mir Gott so nah wie ausgerechnet in dieser Klinik, in bestimmten therapeutischen Situationen. Nie werde ich dies vergessen: In einer Gesprächsgruppe, die von Kathrin Baumann geleitet wurde, erlebte eine Patientin, die unter einer schweren Persönlichkeitsstörung litt und deren Lebensgeschichte sich jenseits der schrecklichsten Horrorphantasien abspielte, die Menschen sich ausdenken können, einen Flash-Back, erinnerte sich also plötzlich mit allen Sinnen an eine sehr reale Gewalterfahrung. Sie schrie und weinte, war völlig außer sich, die anderen Frauen weinten auch, und ich starrte angstvoll auf die Patientin, hoffend, dass sie den Weg aus ihren Erinnerungen zu uns finden würde, ohne vorher wahnsinnig zu werden. Da traf mich der Blick der Therapeutin und hielt den meinen fest, während sie die heftig Weinende sanft im Arm hielt. Inmitten dieser sich gerade auflösenden Wirklichkeit begegnete ich diesem Blick: so ernst, voll tiefem Schmerz und doch voll unendlicher Geduld und Liebe, wie nur ein Blick sein kann, der eine andere Qualität von Leben in sich birgt und sie hineinwebt in unsere Not. Es war ein Blick und ein Augenblick, in dem ich die mitleidende Barmherzigkeit und den Schmerz Gottes in unserer Welt begriff wie niemals vorher und nachher.

Seitdem weiß ich, dass es Ihn gibt und dass es Ihn mitten unter uns gibt.

Die Jahrtausendwende verbrachten wir ziemlich still in unserer kleinen Gruppe, draußen auf einer sanft geschwungenen, verschneiten Wiese vor der Klinik. Die Luft war klar, der Himmel voller Sterne, und es war still. Keine zündete Feuerwerkskörper an, die nächste Stadt war weit weg. Wir sangen leise Lieder, vor allem aber schwiegen wir miteinander. Ich hätte an keinem anderen Ort der Welt sein wollen.

Die Traumatherapie umfasste Behandlungen, die auf der körperlichen Ebene wirkten und unterstützten, dazu Meditations-, Imaginations- und Entspannungsübungen und viele Einzel- und Gruppengespräche. Den Kern bildeten dann die Expositionen in mehreren Einzelsitzungen, also das bewusste und begleitete Wiedererleben der traumatischen Erlebnisse, um sie dann in einer reflektierten Weise in die normale Erinnerung integrieren zu können. Obwohl mir nach dem ersten Gutachten seitens der Klinik von der Krankenkasse die höchstmögliche Verweildauer von drei Monaten bewilligt worden war, war klar, dass nach dem Ende dieser geschützten Zeit der Weg erst begann. Aber ich konnte ihn bewusst gehen, ich wusste und fühlte, dass ich das Recht hatte zu leben und dass ich eine große Kraft in mir trug, die mir dieses Leben in Würde und mit Freude ermöglichen würde.

XII.
Anfänger – Geist

Meine Rückkehr auf den Schwanberg im ersten März des neuen Jahrtausends war ausgesprochen heiter, was vor allem daran lag, dass gerade der Faschingsdienstag gefeiert wurde – und selbstverständlich wird auch im Kloster Fasching gefeiert!

Eine Schwester, mit der mich außerdem eine herzliche Freundschaft verband, holte mich aus der Klinik ab. Drei Stunden später erreichen wir den Berg und betraten den Saal, in dem die Schwestern sich bereits in köstlichen Kostümen, ausgelassen tanzend vergnügten. Im ersten Augenblick fühlte ich mich wie auf einem anderen Stern und fürchtete, in dieser Welt nicht mehr ankommen zu können – dann aber entdeckte mich die Priorin, unterbrach ihren Tanz und kam mir lachend und mit weit geöffneten Armen entgegen. Die anderen Schwestern schlossen sich an und bereiteten mir einen Empfang, wie ich ihn mir nicht hätte vorstellen können. Wenn ich bis dahin nicht geglaubt hätte, dass sie mich wirklich aufgenommen hatten, ganz unabhängig von meiner Leistungsfähigkeit oder meinen Schwierigkeiten – jetzt wusste ich es.

Dennoch stellte ich mir natürlich schon in der Klinik und erst recht nach meiner Rückkehr auf den Berg die Frage, ob ich wirklich im Kloster und in dieser Gemeinschaft bleiben wollte. Natürlich hatte ich mich unendlich oft geprüft, ob das Ganze nicht doch nur eine Flucht, nur die Suche nach einer gesicherten Tagesstruktur, einem ordentlichen Lebensrhythmus, einer halbwegs sicheren wirt-

schaftlichen und sozialen Basis war. Diese Vermutung lag
ja angesichts meiner Geschichte so nahe, dass man weder
besonders psychologisch geschult noch auffallend phan-
tasievoll sein musste, um darauf zu kommen. Und gerade
für die Anfangsjahre meines kommunitären Lebens bildeten diese Motive sicher einen Teil eines größeren Begrün-
dungszusammenhangs, der mich in diese Lebensform
eintreten ließ. Aber: Wenn es nur diese Gründe gewesen
wären, ich wäre nicht dort geblieben.

Nach den Therapien, insbesondere der letzten in Grönenbach, war ich inzwischen sicher, dass ich mein Leben
auch ohne den Schutz einer klösterlichen Gemeinschaft
würde bestehen können. Ich brauchte sie nicht mehr
zum Überleben. Stattdessen war mir gerade durch das
wieder und wieder aufflammende Ringen mit diesem
Gott und Seiner Gegenwart in unserer Welt und in meinem Leben immer klarer geworden, dass es für mich keinen anderen Weg geben konnte als weiter tiefer in dieses
Geheimnis Seiner Gegenwart einzutauchen – mit meiner
ganzen Seele, meinem ganzen Herzen, meinem ganzen
Leben.

So sehr ich um die Gebrechlichkeit und Anfälligkeit
unserer Lebensform weiß – wir sind Menschen wie alle
anderen, haben die gleichen Probleme, Nöte, Unzuläng-
lichkeiten, Begabungen, Freuden und Hoffnungen wie
alle anderen, in welcher Lebensform sie auch immer leben mögen –, so sehr weiß ich dabei, wie kostbar das
gemeinsame Leben in einer geistlichen Gemeinschaft ist.
Die verbindende und transzendierende Kraft der Liturgie,
die gemeinsam gelebte Spiritualität, zusammen bewältigte
Schwierigkeiten und miteinander erlebte Freuden öffnen
immer wieder einen weiten Raum, in dem Freiheit und
Leben mitten im und gerade durch das gemeinsame Le-

ben möglich ist. Ähnliches werden Menschen beschreiben, die über lange Zeit miteinander in der Ehe oder anderen Beziehungsformen verbunden sind. Die Kraft des Bleibens, die mich langsam, manchmal mühsam und manchmal beglückend hindurchwachsen lässt durch eine vermeintlich unüberwindliche Grenze oder Abwehr und mich in einem ganz neuen Erfahrungsraum erwachen lässt, ist wohl nur in Formen verbindlichen Lebens möglich. Ob diese Verbindlichkeit in einer Kommunität, Ehe, Lebensgemeinschaft oder einer anderen spirituellen Weggemeinschaft gelebt wird, ist dann eine Frage der persönlichen Berufung.

Zu meiner eigenen Überraschung habe ich jedenfalls seit meiner Therapiephase nie mehr den leisesten Zweifel daran gespürt, dass genau dieses Leben in der Kommunität meine Lebensform ist. Nicht weil sie besser wäre als irgendeine andere – sondern weil sie offensichtlich die mir gewiesene und von mir gefundene ist, in der ich mehr und mehr die werden kann, die ich im tiefsten Inneren bin.

Und wer bin ich? Inzwischen glaube ich, dass diese Frage sich vielleicht mit äußeren Merkmalen und Tätigkeitsbeschreibungen beantworten lässt, jedoch nie absolut. Ich bin immer nur jemand in Beziehung zu jemandem oder etwas anderem, vor und nach allem anderen zu dem Einen Gott, der uns alle erschaffen hat und uns bis zu diesem Atemzug erhält. Die Frage „Wer bin ich" ist die Frage, die nur diesem Gott zusteht, der sie mit der einzigen Offenbarung seines Namens beantwortet, die die Bibel uns überliefert „ICH BIN, der ICH BIN", oder wie Martin Buber übersetzt: „ICH BIN, wo du bist." Gott offenbart sich, entgrenzt von Zeit und Raum, ausschließlich im gegenwärtigen Augenblick und in der

Beziehung zu Ihm, die ich in diesem konkreten Augenblick mit Ihm lebe, wenigstens suche und davon nicht ablasse – und wenn es das Letzte ist, was ich tue. Nur aus dieser Beziehung erfahre ich letztlich meine eigene Identität – keineswegs ein für allemal, sondern jeden Tag neu.

So klar es also war, dass ich in der Kommunität bleiben würde, so neu stellte sich die Frage, was ich denn eigentlich dort tun würde außer dem, was wir alle taten: Das Stundengebet und die Gottesdienste waren und sind ja unser gemeinsamer Auftrag.

Ich hatte schon vor meinen Klinikaufenthalten gemeinsam mit anderen Referenten und Referentinnen begonnen, im Rahmen unseres Kursprogramms eigene Kurse mit theologischen und spirituellen Inhalten anzubieten. Unsere damalige Priorin war jahrzehntelang wegweisend in der Meditationsarbeit beschäftigt gewesen, und ich hatte noviziatsbegleitend und auch in den folgenden Jahren noch bei ihr und anderen die Ausbildung zur Meditations- und Kontemplationsanleiterin absolviert. Auch die Vermittlung von Inhalten der jüdischen Religion und Tradition lag mir nahe, und insbesondere der sogenannte christlich-jüdische Dialog war mir seit Beginn meines kommunitären Lebens sozusagen in meine „geistliche Wiege" gelegt. Auf diese Weise war ich inzwischen auch wieder mehrmals in Israel, in den frühen neunziger Jahren folgten etwa vier oder fünf weitere Reisen ins Land. Einmal gehörte ich einer bundesweiten Delegation an, die anlässlich des Jahrtausendjubiläums in Jerusalem eingeladen war, drei Mal war ich mit Reisegruppen im Land unterwegs, auch als Reisebegleiterin. Welcher Art auch immer der Anlass war: Ich habe das Land jedes Mal sofort „wiedergefunden" oder es mich. Nirgendwo habe ich jemals wieder einen Ort so ganz und vollständig „richtig" und „ganz" gefühlt wie in Jerusalem. Diese heilige, unheilige, zerrissene und geliebte Stadt und das Land, in das sie gehört, ist wohl so etwas wie meine Heimat geblieben. Aber inzwischen genügt es mir zu wissen, dass es diesen Ort in dieser Welt gibt. Und sollte ich in meinem Leben einmal wieder hinkommen und vielleicht sogar irgendwann noch einmal etwas länger dort bleiben dürfen, dann ist es ein Geschenk. Zwingend notwendig aber für die Gestaltung meiner Gottesbeziehung oder meines Lebens ist es nicht mehr.

In meinen Kursen auf dem Schwanberg begegnete ich immer häufiger Menschen, die ebenso auf einem Weg der Suche nach diesem Gott und einem von Gott berührten Leben waren – und stellte fest, dass ich sie aufgrund meiner eigenen Erfahrungen verstand und ihnen zuhören, manchmal Hinweise für die nächsten Schritte geben konnte. So lag es nahe, in diese Richtung weiter zu gehen. Mit Zustimmung der Schwestern absolvierte ich in den nächsten Jahren noch die Ausbildung zur Bibliodrama-Leiterin, zur Geistlichen Begleiterin und zur Prädikantin, eine Ausbildung, die zur selbständigen Leitung von Gottesdiensten berechtigt. Nebenbei beendete ich in einer privaten Universität berufsbegleitend das Theologiestudium mit einer Magisterarbeit über die Offenbarung des Johannes und ihrer architektonischen Umsetzung in unserer St. Michaelskirche auf dem Schwanberg. Hauptsächlich aber war ich in diesen folgenden Jahren an dem Ausbau und der Konzeption der Bildungsarbeit in unseren Gästehäusern auf dem Schwanberg beteiligt, eine Arbeit, die mich sehr forderte, vieles lehrte und mir große Freude machte.

Jetzt, da ich diese Zeilen schreibe, liegen die Ereignisse, von denen dieses Buch handelt, schon viele Jahre und Jahrzehnte zurück. Ich bin heute 44 Jahre alt, Fotos werden inzwischen mit Digitalkameras aufgenommen und dann auf CD gebrannt – meine Fotokiste ruht wieder im oberen Schrankfach in meiner Zelle auf dem Schwanberg, bei meinem letzten Umzug habe ich sie nicht mitgenommen. Seit einem halben Jahr lebe ich in unserer Station im Augustinerkloster zu Erfurt, um dort gemeinsam mit anderen Schwestern in einer wunderschönen und intensiv lebendigen ostdeutschen Großstadt unsere Spiritualität zu leben und andere Menschen auf ihrem Weg zu begleiten. Dazu bin ich in der Evangelischen Kirche der Kirchenprovinz Sachsen, zu der die Stadt und das Kloster gehören, ordiniert worden. Nun also ist es meine Hauptaufgabe, die Gottesdienste in der traditionsreichen Augustinerkirche zu verantworten, Gottes Wort zu hören und es auszulegen, das kleine Stück Brot voll der Gegenwart Gottes in Seinem Namen zu segnen, zu brechen, auszuteilen. Jedes Mal, wenn ich in dieser Weise am Altar vor der versammelten Gemeinde Dienst tue, zittert mir das Herz ganz leise – vor Staunen und vor Freude.

Dabei habe ich selten das Gefühl, „etwas erreichen" zu müssen. Nicht weil mir Erfolg oder Anerkennung nicht wichtig wären – das sind sie weiterhin. Sondern weil ich je länger je mehr die tiefe Wahrheit ahne, die in einem Begriff des japanischen Zen-Meisters Daisetz Suzuki liegt: *Anfänger-Geist*. Es geht nicht darum, etwas zu erreichen, sondern es geht darum, an jedem Tag, in jedem neuen Augenblick neu anzufangen, neu bereit zu sein für diesen flammenden Anruf des Lebens, der mich mit Freude und wirklicher Lust an diesem Leben erfüllt. Ich nenne dieses rufende, lockende, werbende Leben Gott, erkenne Ihn in dem Welten- und Menschensohn Je-

sus Christus, dem jüdischen Wanderprediger und welten-
weisen Lehrer, in dessen Tod und Auferstehung der Gott
des Lebens gezeigt hat, dass Er immer und überall gegen-
wärtig ist – durch den Tod und alle Tode hindurch ins
Leben, allein aus Liebe.

Um dieser Liebe willen lebe ich, und lebe ich gern.
Und würde es jederzeit wieder wählen, dieses Leben.

Sonnenaufgang –
eine Wüstenväter-Geschichte

Eines Tages traf ein Pilger auf seinem Weg einen Mann, der auf einer Wiese saß und wie ein Mönch aussah. In der Nähe arbeiteten Männer an einem Gebäude aus Stein.

„Sie sehen wie ein Mönch aus", sagte der Pilger. „Das bin ich auch", sagte der Mönch.

„Und wer sind die, die an der Abtei arbeiten?"

„Meine Mönche", sagte der Mann. „Ich bin der Abt."

„Oh – das ist wunderbar", sagte der Pilger.

„Es tut gut, zu sehen, dass ein Kloster gebaut wird."

„Wir reißen es ab", sagte der Abt.

„Reißen es ab?", rief der Pilger. „Warum denn das?"

„Damit wir im Morgengrauen den Sonnenaufgang sehen können", sagte der Abt.